お世話され上手

釈徹宗
Shaku Tesshu

ミシマ社

はじめに

本書は基本的に〝自分語り〟である。このような本を書く日がこようとは、文字通り夢にも思わなかった。元来、自分のことを話すのが苦手である。誰がそんな話聞きたいの？　とも思う。第一章は個人的な経緯、第六章ではあぶら揚げと仏教の話である。読んでもらえるのか、この本。

〝自分語り〟は苦手な私が、なぜ無理に「語ろう」としたのか。それは語るべき物語と出遇《であ》ったからである。語っていかねばならない物語に出遇った者が果たすべき役割として、本書を執筆した。

もうひとつ、本書が生まれた大きな要因として、ミシマ社・三島邦弘さんにのせられたことを挙げることができる。私の周囲には、三島さんにのせられて本を書いている人が少なくない。以前、平川克美さんが「三島さんと電話で話していて、軽口で『銭湯経済』なんて言ったら、それが本のタイトルになってしまって」と話していた。三島さんはうまく話を引き出す人である。ちょっとした話でも、心から面白そうに聞いてくれるので、ついついのってしゃべってしまう。そして、そのうちしゃべったことを本にしてみるか、などと大胆な気分になってしまうのである。

二〇一三年のお正月、平川克美さんと月刊誌『Ｆｏｌｅ』で対談した。私はここ数年、この雑誌で対談のホスト役を務めているのだ。そのページにご登場いただいたのである。対談終了後、平川さんに連れられて、東京・自由が丘にあるミシマ社の新年会にお邪魔した。内田樹《たつる》先生や光嶋裕介さんも参加して、にぎやかな座となった。この新年会で私は、以前からよくヨタ話で語っていた「あぶら揚げの消費量と、幸福度は相関関係にある。その謎を解くカギは仏教にある」という何の根拠もないめちゃくちゃな話をしたのである。それが予想外にウケた。

この話をして、ウケたのは初めてであった。

周りが変に感心して聞くものだから、よけいに尾ひれがついてしまった。そのうちに、「幸福度の高い地域は、新幹線が通ってないところだ」などと暴走してしまった。

すると後日、三島さんがやってきて「先日の話、『あぶら揚げと仏教』という本にしましょう」などと言う。

そんな本、書ける気がしない。いや、そういう本を出してしまうと、宗教研究者としてキワモノの人になってしまうのではないか。それは避けたい。真面目な論考を書いても、「あの人の話はいい加減だからな」となりはしないか。それは避けたい。

しかし、三島さんは追及の手をゆるめず、普段から仲良くしているフリーライターの青山ゆみこさんを連れて来た。青山さんは三島さんをもしのぐ聞き上手なのである。結局、超絶聞き上手二人を相手に、ぺらぺらとしゃべってしまった。内向的な性格の私としては、思い返すだけでも落ち込むような内容であった。しかもそれが本になって出版されてしまう。

いいのか。今ならまだ引き返せるのではないか。

そんな思いで本書を脱稿した。今は読み返す勇気がない。しかし、グループホーム「むつみ庵」のスタッフによる座談会が収録されたのは、ありがたいご縁であった。

本文で述べているが、小さな田舎の一軒家だけれども存在意義の大きな家である。開設以来十数年、スタッフの精進と工夫によって運営されてきた。これからの日本社会においてひとつのモデルとなり得るのではないか、そんな思いがありながらこれまでまとまった文章にすることがなかった。私は法人運営側のスタッフなので、介護に関する部分は書けないと考えていたのである。

しかし、三島さんにのせられて書いた。これで私もはれて〝三島のせられ組〟のひとりとなった。とにかく、今まで書いたことのない文章なので、随所にとまどいやためらいが表出しているかと思う。そこをうまく読み取っていただければ幸いである。

お世話され上手／目次

第三章 地域に支えられる里家・むつみ庵

第四章　看取るということ

第五章　認知症高齢者に学ぶ

第六章　あぶら揚げと仏教

第七章　土徳とローカリズム

第一章

お世話され「下手」だった私

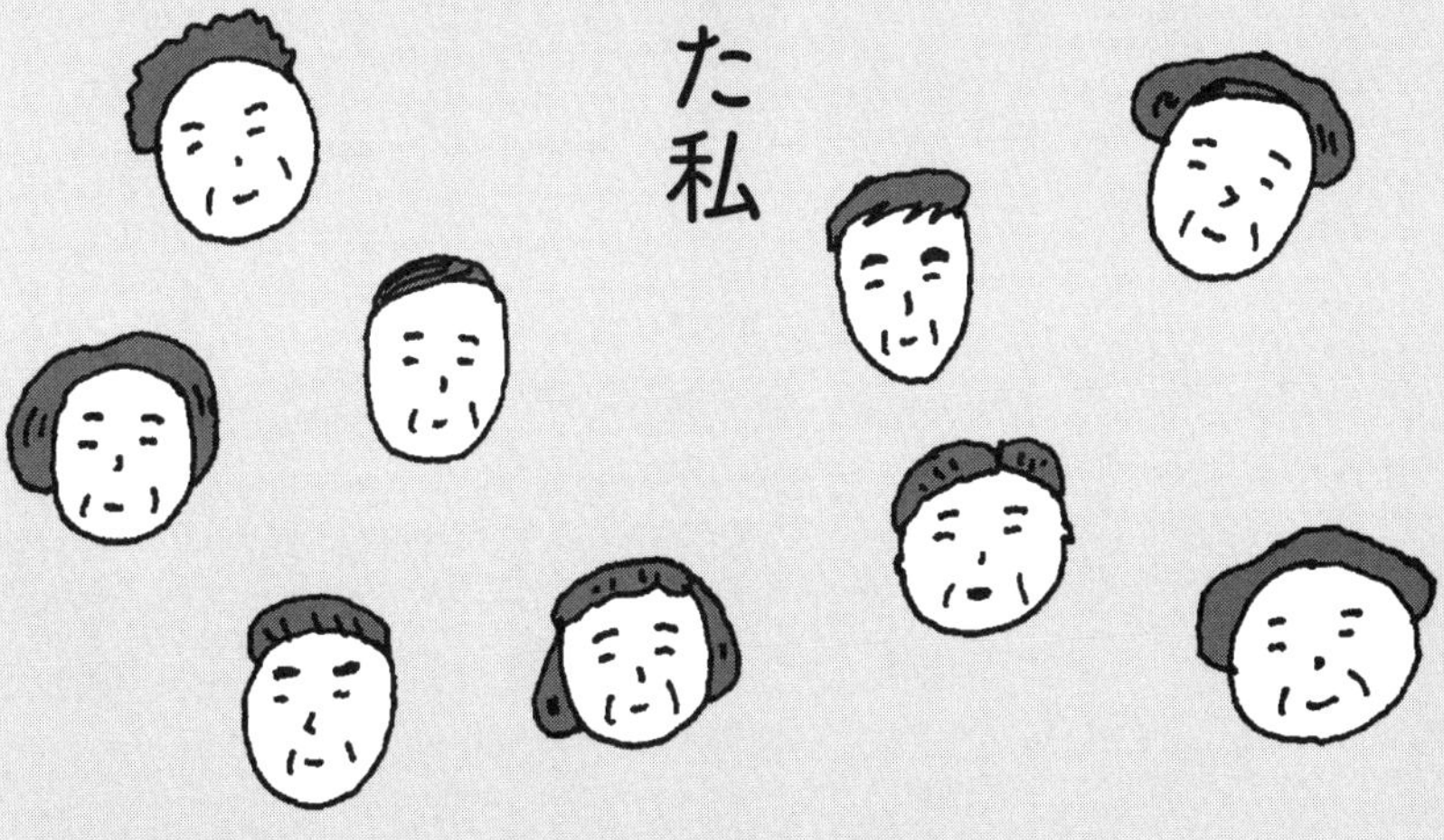

先人からのパス

二〇一四年、広島で大きな土砂災害が起きた。その際、「かつてこの地は〝蛇落地悪谷《じゃらくじあしだに》〟と呼ばれていた。先人が地名に警告を込めていたのだ」といった話がメディアで取り上げられた。蛇落地が上楽地に転じ、その後、この地名は消滅したという。現在でも、浄楽寺という寺号にその名ごりがある、などと報じられていた。

この件に関しては、伝承の部分もあるらしく、真偽のほどは不明だ。しかし、地名に先人の知恵が内包されている事例は、けっこうあると思う。沿岸部で「浪」や「釜」などの文字がついた地名は、津波の履歴をもつ可能性があるそうだ（小川豊『崩壊地名』山海堂）。

宅地開発や市町村合併で消失してしまう地名もある。必要があってそうしているのだろうが、少なくとも先人から出ている警告のパスは、きちんとキャッチしなければならない。地名ひとつをとってみても、連綿と続く知見のパスが潜んでいるのである。

〝先人からのパス〟の中には、キャッチしやすいものもあれば、キャッチしにくいものもある。ちょっと受け取りにくいパスも、うまく拾う心身を養わねばならない。そもそも先人からのパスというのは、微《かす》かなものなのである。だからこちら側の心身の感度を上げていくのだ。そして、次世代へと受け取りやすい心のこもったパスを出す。これは今を生きる者の役割であろう。

元ラグビー日本代表選手の平尾剛《つよし》さんから教えてもらったのだが、ラグビーには「ホスピタルパス」というパスがあるらしい。病院送りになるようなパス、怪我をしやすいパスをそう呼称するそうだ。どんなパスかと言うと、「雑に出すパス」や「自分がボールを持っているのがイヤで出すパス」などがあるとのこと。逆に、「取ってもらいたい」という心がこもったパスは、キャッチしたときにわかるそうである。ラグビーボールは楕円形をしているので、よけいに受け手側を配慮したパスが大事になるのだろう。心のこもったパスがつながったときの喜びは、何ものにも代え難いという。

先人からの難しいパスをキャッチする心身、次世代にどのようなパスを出すのかという工夫、今、私たちの社会はこのあたりがテーマになってきている。

このようなテーマが浮上するのは、成長期から成熟期へと移行した社会だからである。地名の問題を敷衍《ふえん》すれば、先人からのパスを無視し続けて、目の前のハードルを越えることに夢中となっていた成長期の具合の悪さが露呈してきたのかもしれない。

さらに言えば、先人からのパスを受け取っているうちに、「ああ、このパスは私のために続いてきたにちがいない」という出遇いがあれば、我々は苦難の人生を生きていける。「はるかいにしえより、このパスが途切れずに私へと届いたのは、まさにこの私ひとりのためであった」となれば、もうそれは深い宗教体験と言ってよい。

仏教に、「私のためにしてくれたこと」を表す「クリタ」という言葉がある。クリタは「恩」と翻訳されている。恩の「因」部分は、敷物の上に人が恵みや慈しみを受けている姿だ。恩にも「私への恵み・慈しみ」の意がある。私への恵み・慈しみをしっかりキャッチすることを「知恩」と言う。知恩は仏教用語のクリタジュニャの訳である。さらに、キャッチしたものを、他者へとパスする、これを知恩報徳《ちおんほうとく》と言う。日本仏教では重視されてきた用語である。徳は「周囲に与えるよい影響」といった意をもっている。私のためにしてくださったことをキャッチして（知恩）、周囲へとよいパスを出していく（報徳）のである。あるいは、知恩報謝といった仏教用語もある。感謝や喜びのパスを出していくのである。

前述したように、先人からのパスはけっこうわかりにくい。だから、心身の感度をよくして、パスをキャッチして、今度は周囲によいパスを出していく、あるいは感謝のパスを出していく。それは自分自身の宗教性を成熟させる道でもある。

私自身、周囲からの徳や地域の徳で育てられた実感がある。もともと宗教性に乏しく、かなり自分勝手で、合理的なことが好きな気質であった。僧侶にも教員にも向いていないタイプである。そこで、まずは私個人の話を少し披露してから、現代の諸問題へとつなげていこうと思う。

お寺に生まれて

現在、大阪府池田市にある如来寺《にょらいじ》の住職を勤めている。如来寺は寛文二年（一六六二）の創建、三百五十年以上続いている。住職は私で十九世となる。私はこの寺で生まれた。

先々代の住職である祖父は丈夫な人ではなかったようだ。戦争に行って健康を壊した面もあったらしい。とにかく、ずっと入退院を繰り返していた印象が残っている。退院して帰って来ても、よく寝ていた。そのため祖父に代わって、祖母や両親が法務や寺院運営を行っていた。

家族で寺院を運営するところに日本仏教の特徴がある。特に浄土真宗という宗派はその傾向が強い。家族の総力を挙げて寺院の護持《ごじ》・運営をやっていかねばならない。私も弟も、小学生の頃からお寺の手伝いをしていた。そのこと自体はそれほどイヤではなかった。地域の人たちが実に熱心な念仏者だったためである。ただ、今から考えると、地元の公立小学校に通うのはけっこう窮屈だった。檀家《だんか》さんの子どもたちも一緒なので、「お寺の子としてふるまうべき」的な思いがあったのだ。今から考えると、つまらないことを気にしていたものである。このときからすでにメンタリティが小物である。

ちょっとした縁があって、中学は私立へ行った。このときの解放感はよく覚えている。解放感という言葉がぴったり。すっかりタガが外れ、好き放題に暮らした中学高校生活だったように思う。

そんな中、高校二年生のとき、祖父が往生した。いよいよ一刻も早くお寺の仕事に専従せねばならないというムードとなった。そのため、進学先には仏教が学べる大学を選んだ。僧侶として必要な知識とスキルを早く身につけなければという思いだった。

なにしろお寺の運営はイヤではなかったのである。

大学はそのためのツールといった感覚だった。頭から大学をちょっとバカにしてしまって、あまりまともに行かなかった。このあたりが本当にイヤな人間性である。本当に頭のよい人はどこの大学へ行っても面白さがわかるはずなのだが、こういうところも中途半端なのである。

ところが大学四年生のとき、ゼミの先生が、「卒論が悪くないから、大学院へ進学しろ」と言う。信楽峻麿《しがらきたかまろ》という真宗の学僧であった。信念の人で、頑固一徹。宗派からは異端者としてずいぶん批判された人物だ。「いや、そんなことに興味はないんですよ。それよりもお寺が忙しいので」などと返答したのだが、「大学院はそんなに毎日来なくていいんだ。お寺の仕事をやりながら、通えばいい」と、熱心に勧めてくれた。結局、大学院に進んだ。ほとんどやる気のない院生だった。まさか後年、研究者になるなどとは思ってもいなかった。それに〝学校の先生〟という人種があまり好きではなかったので、教員になろうという気もなし。やがて〝お気楽でのんびりした田舎の住職〟になる、それが当時の自己イメージであった。

結局、研究することが好きになってしまうのであるから、自分でも意外である。元来、人づきあいが得意ではないので、向いていたのかもしれない。今でも、ひとりでコツコツ研究論文を書くのはとても楽しい。ずっと体育会系・格闘技系武道方面の人間だと思っていたのに、わからないものである。信楽先生との出会いが転機となったのだ。

院生のときに家庭をもち、子育てに協力しながら、研究を続けた。幅広い宗教研究がやりたくて、もう一度大学院へ行き直した。連れ合いが気楽でオープンマインドな人だったので、好きにさせてもらえた。お寺の法務を勤めながらの研究は、毎日フィールドワークをしているような気分。宗教研究者にとっては、ありがたい環境である。

如来寺は、近隣はみんな檀家さんといった状況のお寺だ。法座が多く、とても篤信《とくしん》者の多い地域で、昔ながらの伝統的な説教が盛んであった。

「在家布教」という形態がある。自宅での法座に布教使さんを迎えてお説教をお聴聞《ちようもん》するのだ。寺院で営まれる大きな法要には説法の専門家（布教使）をお迎えするが、それの一般家庭版である。つまり、如来寺の住職が勤行《ごんぎよう》した後に法話していただく僧侶をわざわざ別にお呼びするのだ。それが「在家布教」である。かつて如来寺には一般家庭用の説教高座（落語の高座のような台）があり、それを法事の際に檀家さんのお宅へ運んで使っていた。そのお宅の仏間・座敷が小さな本堂となる。これが週に何度もあるような地域なのである（現在は年に数度となってしまったが）。

すべてを仏におまかせするような市井《しせい》の念仏者が身近にいた。それが私の宗教的原風景である。毎朝本堂の前で合掌・念仏しているおばあちゃんが本当の仏に見えたこともあった。本物の念仏者たちと出会ったために、日本仏教の仏道がニセモノではないことを肌感覚で知ることができた。この基盤は今も揺るがない。その反面、「とてもあんなふうにはなれない」とも思った。

私などは、お寺に生まれていなければ、宗教や宗教者をバカにするタイプの人間である。頭で宗教を理解して、批判するタイプなのだ。以前、このことを恩師のひとりである宗教哲学者の花岡永子《えいこ》先生に話したら、「ああ、だから仏さまはあなたをお寺に生まれさせたのですね」と言われた。真摯なクリスチャンでありながら禅の道に入った花岡先生らしい言葉だ。

結果的に、「あのような念仏者にはなれそうもない。しかし、あの人たちが集う場所のお世話役ならできそうだ。住職というくらいだから、そこに住みながら場のお世話をする役目にちがいない」と思い至り、自分なりの立ち位置が見つかった。

その立ち位置は、如来寺のみならず、後に立ち上げることになる認知症高齢者のグループホーム「むつみ庵」や、寺子屋「練心庵《れんしんあん》」へとつながっているように思う。

仏教を〝すそ野〟から学ぶ

結果的に比較宗教思想を専門分野とする研究者となったのであるが、体系化された宗教教義よりもそこから派生したものに惹かれる。主役よりも脇役に眼が向いてしまう。

学生のときは、キリスト教系のアートに凝《こ》っていた。バチカンで目にしたミケランジェロのピエタは、その周囲の空間が歪《ゆが》むほどの聖性を発揮していた。大きな声では言えないが、洗礼を受けようかと思ったほどである。

これに対して、仏教系の造形や絵画に興味がもてなかった。特に如来像。天部《てんぶ》像や明王像はまだ楽しめる。三十三間堂の二十八部衆や、新薬師寺の十二神将などは、とても宗教力が強い造形である。しかし、如来像はのぺーっとしていて、何の面白味もないと思っていた。今から考えると、恥ずかしいほどの不見識である。ここで懺悔《さんげ》しておく。バカ丸出しであった。

あるとき、仏教の理想である「苦しみにも喜びにも支配されない」へと到達した人とは、どのような顔をしているのかと考えることがあった。そして、「そうか、如来像の顔だ」とわかった。

あの顔以外あり得ない。

あのお顔は人類の到達点のひとつではないか。まさに仏教の理想を端的に表現しているお顔である、と実感してからは如来像の味わいが少しわかるようになった。だいたいこんな調子で、何を理解するにしてもけっこう時間がかかる。宗教的才能に恵まれた人であれば直感的にわかることが、すぐにはピンとこない。しかも、あちこち寄り道してやっとわかる、といった調子である。つまり私の場合、暮らしている地域や周辺の人々、さらにアートや芸能や漫画や映画などから仏教を学んできた面があるのだ。理念や教義や修行が仏教の主軸だとすれば、かなり周辺や側面からアクセスしている。

そういう〝すそ野〟や〝すき間〟が好きなのである。

現在は宗教思想だけでなく、宗教文化も研究対象となっている。宗教文化の中でも

「芸能」に関する論考は、いずれまとめなければならない自分自身の課題だ。

子どもの頃から浄土真宗の伝統的な説教（説教者が黒衣・五条袈裟を着用して、高座の上で行う説法。節談《ふしだん》と呼ばれる独特の語りを駆使するのが特徴）を聴聞してきた。その一方で、テレビやラジオでよく落語や浪曲を聴いていた。特に、毎日夕方にABCラジオで放送される「パルコ10円寄席」を楽しみにしていた記憶がある。弟と二人で聞いていた。そのため、説教と落語・浪曲が同じ内容の物語を語っていることがあると知っていた。難しい理屈はわからないが、とにかく双方が近接したものであるのは気づいていたのである。

どうも自分は、本道を行くものよりも、枠からこぼれてすみっこに寄せられているもののほうが気になる気質のようだ。

その意味において、浄土真宗という宗派は合っていたかもしれない。浄土真宗は仏教の極北のようなところがある。サブカルチャー的というか（こんなこと書いていいのか）。そもそも法然や親鸞による他力の仏道は、従来の仏教の枠組みからこぼれる人々のために提示されたものであった。そのために法然や親鸞は仏教を再構築したのである。

どのような体系でも、〝すそ野〟や〝すき間〟がある。仏教にもすそ野があり、それはとても豊穣である。さらに、浄土真宗にもすそ野がある。浄土真宗は一神教的な性格が強い仏道である。弥陀一仏《みだいちぶつ》(ひたすら阿弥陀仏に帰依する)である。そのために中軸がしっかりしている。だからどうしても中軸に目が行きがちである。

そんな中、意識的に〝すそ野〟や〝すき間〟に位置するような文化に注目している。子どもの頃から、道を歩いていても、すき間を見つけると入り込みたくなるような性格であった。堂々と胸を張って道を歩くのが、どこか憚《はばか》られる。そんな性格なので、NPOやグループホームの活動に関わることとなったのかもしれない。NPOというのは行政と民間企業のすき間を埋めるものであり、グループホームは施設と在宅のすき間を埋める存在なのだそうだ。どう考えても自分に合っている。

研究のテーマも、すき間を埋めるようなものが多い。ある領域とある領域との橋渡しをするような学際研究に萌《も》えるところがある。あるいは、文献研究や教学研究ではなく、宗教によって影響を受けた人格がどのように変容するか、どんなふうな特徴があるかという宗教的人格も長年の研究テーマであった。たとえば、仏教の影響を受けた人格とキリスト教の影響を受けた人格との違いはあるのか、などといったことを考えるのである。

その宗教の教えよりも、その教えを信じている人に興味が向くことも少なくない。前述のように、周囲に宗教的才能あふれた人がいた。なぜあのようにピュアな信心をもてるのか、そのあたりが気になるのだろうと思う。その人たちの人生や内面も気になる。つまり、これも自身が宗教的才能に恵まれていない証左なのである。宗教の感性が豊かな人なら、「神と私」や「仏と私」というほうが気になるはずである。

さてそんなわけで、宗教学、仏教学、真宗学を学びながら、心理学や社会学や民俗学などの領域との学際研究を行ってきた。学際研究はなかなか評価されにくい面があるので、これはこれで苦労がある。二つの領域を橋渡しする場合、本来はどちらの領域にとっても興味深いものでなければならない。しかし、ときにはどちらの領域から見てもつまらないものになったりしてしまう。そうなると研究者としてはキワモノ扱いとなる。

思想研究の場合、学際的な取り組みは茨《いばら》の道でもある。しかし、そういうのが好きなのだから仕方ない。

巻き込まれキャンペーン

その意味においては、不干斎《ふかんさい》ハビアンのような人物に惹かれるのは、個人的な事情が大きいのである。

ハビアンは、禅僧から改宗して、安土桃山〜江戸初期のキリシタン全盛の時代にイエズス会の理論的主柱として活躍しながら、晩年にはキリシタンを棄教《ききょう》してしまう。仏教・神道・儒教・道教を批判して、キリスト教の信仰を勧める『妙貞問答《みょうていもんどう》』や、キリスト教を批判する『破提宇子《はだいうす》』という書物を書いている。

ハビアンは、どこからもこぼれ落ちる人である。こういう人物が気になる。何度か論文に書いて、その後、『不干斎ハビアン』（新潮選書）にまとめた。身の周りにある宗教をことごとく相対化した果てに見える光景は、どんなものなのだろうか。自分もその光景を見たいと考えて、ハビアンを追体験するつもりで書いた本だ。

また、「儀礼」も研究対象としてきた。宗教を研究する場合、儀礼への視点は欠かせない。ときには宗教儀礼を含めた行為様式こそ宗教の本質だとする考え方も成り立つほどである。ただ、思想研究ではあまり中心的なテーマとはならない。なにしろ儀礼というのは、「思想や信条よりも関係性が先立つ」のである。たとえば代表的な死者儀礼である「葬儀」の場では、思想や信条の統一が厳密に求められることは稀《まれ》であろう。私自身も異なる宗教の葬儀に参列したことは何度もある。関係性のほうが先行する場だからだ。

儀礼について考察を深めていくうちに、この「関係性が先行する」というテーマに行き着いた。その影響で十三年ほど前に「巻き込まれキャンペーン」というものを始めた。「巻き込まれキャンペーン」とは、後先を考えずにとりあえず流れに身をまかせて巻き込まれる態度を保持する活動である。私の造語である。ひとりムーブメントなのだ。

たとえば、知人から宝塚歌劇を観に行かないかと誘われるとしよう。私はまったく興味がない。今までの自分であれば、お断りしていたはずだ。しかし、キャンペーン中なので、興味がなくてもとりあえず巻き込まれて、誘いにのるのである。

基本的には断らないのが「巻き込まれキャンペーン」だ。

渦《うず》に巻き込まれて、グルグル回っているイメージである。これを始めたのが、四十一歳くらいであったように思う。

ちょうどこの「巻き込まれキャンペーン」を始めてすぐに、如来寺の裏の民家を社会福祉に使えないかという話が持ち込まれた。その民家は、植木屋さんの老夫婦が暮らしていたのだが、すでにお二人とも他界され、空き家のような状態となっていた。如来寺の前坊守《ぼうもり》（筆者の母）が以前から高齢者施設をつくりたいと言っていたので、そこから話が展開したのだ。

裏の家は、なかなか本格的な木造建築で、広い縁側がある。入母屋《いりもや》の瓦屋根、杉板の天井、太い大黒柱、さらに仏間には床の間と大きなお仏壇がある。伝統的な日本家屋なのだ。そして、広い庭には売り物としての植木が数多く育っている。

前坊守と裏のお宅の長女とが相談して、この家を認知症高齢者のグループホームとして使おうということになった。グループホームとは、同じ障がいを抱えた人たちが集まって、少人数で共同生活をする施設である。これが「むつみ庵」という認知症高齢者の共同生活の家となるのであるが、ここについては後から詳しく述べたいと思う。

「むつみ庵」はＮＰＯで運営しているため、ときどき「福祉や高齢者問題に関心が高かったから始めたのですか？」などと聞かれることがある。実は何の興味もなかった。ところが、ちょうど「巻き込まれキャンペーン」中だったので、話にのっているうちに運営者となったのである。キャンペーンを始めていなかったら、間違いなくこの話は断っていたと思う。

わざわざおかしなキャンペーンなど始めなくても、適切に他者と関われる人もいるだろう。しかし、私はどうもダメなのである。もともと「私のことはかまわないでくれ。その代わり私も君のことに関わらないから」という気質なのである。これでは僧侶として住職として、いかんのじゃないか。

進むべき方向性を模索していたことに加えて、儀礼を研究対象にしていた時期でもあり、自分なりに無理やり設定したキャンペーンなのである。キャンペーンを始めなきゃいけないほど、関係性が貧弱なタイプなのである。

この本のような一般書籍を書いているのも、「巻き込まれキャンペーン」の結果である。初めて一般書籍を書いたのは、内田樹先生とのネット上往復書簡『いきなりはじめる浄土真宗』『はじめたばかりの浄土真宗』（本願寺出版社）であった。それまでは研究論文しか書いたことがなかった。だから、どんな文体で書けばいいのかもよくわからず、かなり手探りだったように思う。当時、本願寺出版社にいた編集者の藤本真美さんから「内田先生とネット上でやり取りしませんか」とのオファーをもらったとき、ちょうどキャンペーン中だったので、自信はなかったがお引き受けしたのである。その後、内田先生にはずいぶん影響を受けることになる。キャンペーンやって、よかった。私のようなタイプの人にはオススメだ。

仏教は怖い

宗教思想全般が研究対象なので、基本的にはいろんなところに首をつっこんでいく。イスラムやジャイナ教などさまざまな宗教と関わり、その場に心身をシンクロさせることもある。禅や瞑想をすることもある。

私は浄土真宗の僧侶なのだが、性質的には禅僧のほうが向いている気がする。修行の道筋が明瞭だと、やはり心身ともに納得できる。浄土真宗は出家者的な修行を捨てていく道だ。だから、ときには「修行したい思いを必死でこらえる」というおかしな状況になったりする。これはこれでなかなか面白い。

浄土真宗はごく普通に社会生活や家庭生活を営みながら、仏さまにおまかせして救われていくという仏道である。だから、誰もが歩める道なのだが、意外とすんなりいかなかったりする。仏教というのは本当に手ごわい体系だ。

とにかく仏教を原液のまま飲むと、日常などやすやすと壊れてしまう。

仏教がもつフィールドは、我々の社会よりもずっとでかい。たかがしれた近代自我やヒューマニズムなど凌駕《りょうが》されてしまうのである。

仏教は優しくない。

仏教で癒《いや》されるなんて、とんでもない。仏教が本性を見せたら、社会に適応できなくなる。なにしろ、仏教が説くところは「苦しみにも喜びにも支配されるな」である。生と死との連関から脱出して、二度と生まれてこない世界へと赴《おもむ》くことを目指すのだ。なんと非人間的な理想であろうか。

著述・翻訳家の魚川祐司さんが「仏教はプロダクション（労働）とリプロダクション（生殖）を放棄すべきものと説く」として、「つまり異性と眼も合わせないニートになれと命じている」と述べている（『だから仏教は面白い！』講談社＋α文庫）。うまいことを言う。その通りである。

あな恐ろしや、仏教体系。

だから、仏教の話をするときは、九対一のお湯割りのように薄めて提示する。そうしないと、なかなか共感を得ることができない。キャッチボールで、そっと取りやすいボールを投げている思いである。

ただ、ときどき思いっきりボールを投げることができることもある。少し前に南直《じき》哉《さい》師（恐山菩提寺の院代）と公開対談する機会があって、そのときは二人とも次第に思いきりボールを投げている感じになっていった。これを聞かされる聴衆は災難だったと思う。この対談中、南師に「仏教の本領を垣間見たことありますか」と尋ねたら、すぐに「恐ろしいですよね、潰れちゃいますよね」と応答してくれた。思いは同じだったのである。

仏典の研究に没頭していても、ときにパカッと扉が開くことがある。こっちに行っていいのかな……と恐る恐るのぞいてみたら、仏教が本性を見せる。「今日はとりあえず近づかないでおこう」と引き返したこともあった。やはり一歩一歩自分の足で歩いたほうがよさそうである。大事なことは体系の道筋なのだ。自分勝手に仏教体系を振り回すと、体系各所に設置されたリミッターが効かなくなる。そうなると、日常などたやすく潰されてしまうのである。

仏教はとても釈迦ひとりに収斂《しゅうれん》できないほど広大な体系をもっている。ある意味、人類の知恵の結晶である。仏教の山を登る道筋は数えきれないほどあるが、真摯に歩めば（そのルートが本物であれば）必ず同じところへと到着する。仏教は恐ろしい体系ではあるが、きちんと歩めば目指すところへと到着するのである。私はそのことを知っている。毎朝、本堂の前で合掌・念仏するおばあちゃんの姿によって知ったのである。

第二章

お寺に注目する

社会資源や地域資源としての寺院

私は浄土真宗の寺院に生まれたので、浄土真宗の道を歩いている。これが、日蓮宗のお寺に生まれていたら日蓮宗の道を歩いているだろう。牧師さんの家に生まれていたらプロテスタントの教職者として生きていたにちがいない。自分自身に明確な「選び」がなかったことは、少し後ろめたい思いもある。

ただ、それほど間違った態度ではないとも考えている。誰でもまずは自分の周りにある縁をたどっていくものである。また、手探りしたら手がとどく縁を手繰るのは、仏教的な態度だと思う。誠心誠意手繰ってみて、どうしてもこの道が合わないと確信すれば、別の縁を手繰ればいいのである。

たまたま私の場合、今のところ別の縁を手繰らなくてもよい事態が続いている。幸いなことだと言える。少なくとも、この道はニセモノではない、といった確信もある。

日本で暮らしていると、仏教と縁を結ぶのはそれほど難しくない。これは世界的に見ればめずらしい状況である。実は、仏教者の人口はそれほど多くない。数だけを比較すれば、ヒンドゥー教徒のほうが多い。また、身近に仏教的要素がない地域だって少なくない。しかし、日本は仏教の各体系が生きている。おそらく日本ほど仏教の各体系が持続している国は稀であろう。主要なものはほとんどある。大乗仏教も上座部《じようざぶ》仏教もある。中観も唯識も、禅も念仏も、華厳経も法華経もあるのだ。その気になれば、仏教体系の大半と縁を結ぶことは可能なのである。

日本仏教には、他にもいろいろ特有の事情があって、この点についてもおいおい述べていきたい。たとえば、寺檀制度のような形態が、曲がりなりにも今日まで持続しているのも特徴のひとつ。宗教社会学で言うところのチャーチ*である。前出の認知症高齢者のグループホーム「むつみ庵」は、お寺と地域との連携という視点からも読み解くことができる。そのため、しばしば僧侶の研修会などでも事例報告として紹介している。実際に私の話に刺激されて、活動を開始する寺院もあるようだ。

先日、次のような話を聞いた。広島県でかなり少子高齢化が進んだ地域があって、そこのお寺が隣にある空き家を使って認知症高齢者のグループホームを始めることになったらしい。すると近隣の檀家さんたちが、「それはとてもいいことだから、みんなで協力しよう。いやいっそ、村の機能をそこに集中させるのはどうか」といった話に展開したとのことだ。そこで、お寺の隣はグループホームに加えて、郵便局や役所の窓口や、子育て支援の場などが開かれることとなった。住職の家族が中心となって運営しているそうである。これなどは地域コミュニティのリフォームみたいなものである。

大半の日本の寺院は、地域コミュニティの上にのって運営されてきた。つまり、地域コミュニティが変貌すれば、寺院も変わらざるを得ない。現在、日本仏教は大きな曲がり角に直面している。そんな中、〝社会資源や地域資源としての寺院〟といった視点も出てきている。ポイントは、各地域の特性や事情、お寺の性格や、住職の特性などに合ったモデルと出会えるかどうか、というところにある。

寺院は日本中に七万七千以上ある。コンビニが五万ちょっと。まさに日本中くまなく草の根的にびっしりとお寺が配置されているのである。これをうまく使うことができるなら、なかなかのポテンシャルである。

寺檀制度を活用すると、やはり持続可能性が高い。介護施設はストレスフルな職場なので、どうしても離職・転職がひんぱんになりがちである。しかし、寺檀制度をベースに運営すると、同じような顔ぶれで運営する可能性が高くなる。もともと長いおつき合いの間柄なのである。親や兄弟や子たちともつき合っている。ちょっとした感情の齟齬《そご》はあっても、うまくやっていく。むつみ庵のスタッフはほとんどが如来寺の檀家さんである。

＊　この場合のチャーチとは、地域の教会・寺社などを中心とした「家の宗教」の形態を指す。これに対して個々人の信仰を中心とした形態をセクトと呼ぶ。

寺檀制度のポテンシャル

日本仏教をダメにした諸悪の根源であるとされ、ずっと批判され続けてきた寺檀制度も、視点を変えれば社会資源となり得るのだ。また、地域コミュニティが機能しにくい今、貴重なソーシャル・キャピタルでもある。

福祉施設を始める場合、どうやって地域と連携していくかは大きな課題となるのだが、もともとその地域にある家を使うと、ご近所づきあい的雰囲気でスタートできる。これは民家改修型施設の大きなアドバンテージである。そのうえ檀家制度がうまく活用できれば、短期間でよい場ができると思う。

むつみ庵は、「古民家改修型」「村落タイプの檀家制度を活用」といった特徴をもっている。地域雇用の創生にもひと役かっている。小さいけれど存在意義はあると自負している。むつみ庵の場合は、最初からこうしたビジョンがあったわけではなく、ほとんどが後づけの理屈なのだが。

もちろん、これからの世代において「お寺を軸とした地域コミュニティ」の継続はそう簡単ではない。江戸時代には九万～十万ヶ寺（一説には十六万ヶ寺）あったお寺は、この百五十年ほどで二割減となった。江戸時代後期の人口を三千万人ほどだと考えれば、人口比のお寺の数は八割減である。これからはもっと早いスピードでお寺が消滅していくにちがいない。現在残っているお寺も、二万ヶ寺以上が無住職寺院らしい。

寺檀制度は崩れていく。

それでも、社会資源としての日本仏教コミュニティは悪くないと思う。なにしろお寺は、各地の文化特性や宗教的メンタリティや行為様式のアーカイブなのである。

これは日本のお寺がかつて、役所の役目や学校の役目を果たし、集会所や娯楽施設として機能してきた結果だ。都市部に暮らしていると目に入らないかもしれないが、かなり限界状況にある地域共同体であっても、寺を求心力としながら細々と継続しているところはけっこうあるのだ。

寺の消滅と共に、日本列島の多様な宗教性や文化様式が枯れていくのは、やはり残念である。死者儀礼に特化されがちなお寺を、あらためて公共的な取り組みによって機能させる。公共的な取り組みに寺檀制度を組み合わせる。そのような道筋は残っていると思われる。また実際、そのようなお寺は増えているのではないか。

在宅医療とお寺

社会資源としてのお寺を見れば、組み合わせ次第ではよい展開が期待できる。たとえば、在宅医療との組み合わせはどうか。

これからは独居の世帯が増えていく。すでに四〇パーセントが単身世帯という地域もある。中でも高齢者の独居は、成熟期の社会において取り組むべき課題である。この課題に対して、在宅医療や在宅福祉がポイントとなってくる。在宅専門の医療関係者も現れている。訪問看護のステーションも増えている。そこにお寺も関わることができるのではないか。お寺は地域の事情をよく知っている。どこに誰が住んでいて、誰と誰が親戚で、どことどこは仲が悪いなどといったことも把握していたりする。その家の来歴を知っていることも少なくない。在宅支援の場面で、できることはあると思う。

二〇一六年、在宅医療に尽力し在宅での看取りも実践している長尾和宏医師と共に、タイの村落へ行った。高齢化が進んだタイの村落で、医師やボランティアと一緒に在宅ホスピスのような活動をしている僧侶がいる。チームで各家庭を日々訪問しているのである。とても興味深い活動であった。タイの人にとって、僧侶と語り合う安心感がとても重要であるようだ。

また、寺檀制度がもつ情報を使うことで、地域に眠っているさまざまな社会資源を掘り起こすこともできるのではないか。たとえば、今はリタイアしている医療関係者、かつて福祉に関わっていた人、ボランティアを始めてみたい思いはあるがきっかけがない人、こういう個別の事情にお寺が精通していることもある。

〝ありもの使い〟で、それほどコストをかけず、よい在宅支援を始められる気がする。

しばしば、自助（自らの取り組み）・共助（地域の取り組み）・公助（公的機関の取り組み）などと言われる。互いに支え合い、分かち合っていく成熟社会において、この三方向の取り組みは必要であるが、そこに〝宗教性〟を盛り込んでいくモデルも考えていかねばならない。

なにしろ宗教というのは、生と死に最終的な意味づけを行う体系なのである。

宗教者に威圧感はいらない？

社会活動と伝道活動との関係は、宗教者にとって常に考察を深めていかねばならないテーマである。私自身は、社会活動を宗教の伝道手段にすることに抵抗がある。たとえば、独居の高齢者がいつもお世話になっているヘルパーさんに、入信を勧められると拒否するのは難しいにちがいない。伝道を背後に隠して、社会活動のルートで近づくのはどうも具合が悪いと思う。

これは宗教者でも意見の分かれる部分である。熱心な社会活動を通して教線を拡大してきた教団は数多い。キリスト教には準備福音（プレ・エヴァンゲリオン）といった理念をもつ人がいて、社会活動や弱者に寄り添う姿勢は福音を伝える準備段階と位置づけるらしい。

確かに、口には出さないものの、どの教団も大なり小なりそういった思いをもっているだろう。その一方で、社会活動と伝道活動は切り離すべきであるとする宗教者もいる。「自分はクリスチャンとして社会や他者に関わる。しかし、関わる相手の信仰にはタッチしない」というタイプである。

大阪市西成区のあいりん地区で活動する本田哲郎神父も後者のタイプである。「ふるさとの家」という労働者の支援施設を開いて、支援をしながら毎週日曜日にはミサを行っている。本田神父は西成で暮らす人たちにとても慕われている。中には「先生、わし今度洗礼受けようと思うねん」という人も出てくる。そうしたら「やめとけやめとけ、入らんほうがええ」と反対するそうだ。教団本部の指令も無視し続けている人で、異端審問にかけられるかもしれないと聞いた。教団から見れば具合の悪い人かもしれないが、あきらかに本物の宗教者なのである。

会えばわかる。対話すれば本物だとわかる。

とにかくこの人はまったく威圧感がない。〝威圧感のなさ〟は、私がこれまで会ってきた数多くの本物の宗教者に共通した項目である。本田神父は、作業着のような恰好をしているので、街を歩いていると労働者風である。

カリスマ性などと称して威圧感を持っているようじゃ、宗教者としてはまだまだだと思う（いいのか、こんなこと書いて）。

本田神父は、あいりん地区がある釜ヶ崎に来る以前、フランシスコ会ではすでに名の知られた神父だったそうである。釜ヶ崎への赴任を命じられたとき、やはり嫌だったらしい。できれば行きたくない着任先だったと言っていた。それでも着任当初はできるだけ威厳を保持しながら、地域の人たちに慈悲深く接していこうと努力したのである。ところがいつまでたっても地域の人たちと仲間になれない。そこで自分自身のあり方が問われることになった。これまでとはまた別のキリスト教の面が見えてきた。著書『小さくされた人々のための福音』（新世社）にはそんな思いが綴られている。おすすめの書である。

本田神父などは、宗教活動と社会活動の区別など特に意識していないかもしれない。ごく自然にふるまっているように見受けられる。それもひとつのモデルである。

しかし、これまで檀家というメンバーシップでの取り組みが中心であった日本仏教のお寺や僧侶は、関わる相手の信仰を尊重する、相手に信仰を押し付けないといった面は意識しなければならないだろう。そこから始めないと高い公共性を提示することができない。

お寺的な場

もちろん、お寺は仏法と出会うための場であり、仏道を歩むための場である。そこを勘違いして、世間のニーズに合わせた活動をしても本末転倒である。それは百も承知なのだが、なにしろお寺の公共性の意味合いが変わりつつあるのだ。

そんなことを考えるうちに、私は、如来寺とはまた別に「お寺のような場所」づくりを始めることとなった。

実は、このことは以前から構想していた。如来寺は〝地域のお寺〟という性格が強い。これはこれで、少しでもこの形態を延命させていきたい。だから、メンバーシップではないオープンな場（しかも宗教性を担保した場）は、別につくっていこうと考えたのである。どこかアパートの一室でもいい、寺子屋的なものを、お寺的な場を開きたいと思っていた。

モデルは「應典院《おうてん》*」である。大阪市天王寺区にある應典院は、寺檀制度ではなくNPOで運営されているお寺である。お寺とは思えないようなモダンな建物で、アート活動も積極的に行っており、「劇場寺院」などと呼ばれている。かなり知られた存在なので、ご存知の方も多いだろう。日本一若者が集まってくるお寺としても有名である。住職の秋田光彦師は、さまざまな企画をプロデュースしていく。應典院は都市におけるコネクターのような役目を果たしている。そこへ足を運べば、なにがしかの出会いがある、そんな場である。こういうお寺があと十ヶ寺もあれば、日本仏教はもっと変わるんじゃないかと感じるほどである。

数年前から、「應典院のような大きなことはできないが、小さくてもあのような場を開きたい」と考えるようになった。村落型寺院である如来寺の場づくりと、都市型寺院である應典院をモデルにしたオープンな場、この両輪を回していくことをイメージしていた。ただ、それを始めるのはもっと先だと思っていた。少なくとも大学教員の勤務をやめてから始める予定だったのだが……。いくつかのご縁が重なって、二〇一四年に寺子屋「練心庵」を見切り発車してしまった。武道家・内田樹先生に後押しされた（名付け親も内田先生である）。今は「ずいぶん仕事が増えた。なぜこんなことを始めてしまったのか」と、少し後悔がないわけでもないが。

練心庵では、月に一度、「初歩からの宗教学講座」というのを開催している。宗教について学ぶことは、現代日本人にとって喫緊《きっきん》の課題である。たとえば、キリスト教への知見がなければ、現代社会の良いところも悪いところも見えてこない。なにしろ我々の社会の制度は、キリスト教型近代を導入して成り立っているのだから。

また日本で暮らすムスリム（イスラム教徒）の増加も、宗教について学ぶ必要性を高めている。

しかし、日本で〝宗教〟について学ぶ機会は少ない。公教育では宗教はアンタッチャブルである。私学で行っているところもあるが、仏教系は仏教を、キリスト教系はキリスト教を軸とした教育である。なかなか宗教全体を俯瞰したり、宗教を通して人間や社会を深く考察したりするには至らない。そんなわけで、私塾で宗教を学ぶ、といった取り組みを始めている。

他にもさまざまな講座やワークショップなどを開催しており、日常をいったん（　）《カッコ》に入れる場、日常の仮面やバリアをはずす場を目指している。この街の学びの場には、地縁・血縁・職縁などない人たちが集まっているので、普段なじんでいるルールとはちょっと違う場となるのである。

また、練心庵の二階では〝生きていきづらい人たちと関わる〟ことをミッションとしたNPOそーねが運営されている。NPOそーねは、当事者研究（もともとは精神障害を抱えた人たちとの取り組み）を軸としながら、地道な活動を続けている。ここも、お寺ではないが〝お寺的な場〟だと思う。

＊　應典院——浄土宗の古刹《こさつ》・大蓮寺の塔頭として存在していたが、戦災で消失。一九九七年に再建される際、かつてお寺が持っていた能力を取り戻すため、「気づき、学び、遊び」をコンセプトとして立ち上げられた。地域ネットワーク型寺院である。詳細は住職・秋田光彦著『葬式をしない寺——大阪・應典院の挑戦』（新潮新書）を参照してもらいたい。

縁起の実践と空の実践

成熟期の社会では、少し意識的にコミュニティへと足を運ばねばならない。それぞれの自己決定を重視する社会なので、人々は孤立しがちである。独居の増加の問題もある。

複数のコミュニティに首を突っ込んで暮らしていく「コミュニティの重所属」を意識することが、成熟社会のライフスタイルとして大切だろう。

単一の所属ではなく、いろんなところに顔を出す生活が求められてくると思われる。どこかから外れても孤独ではないような生活を意識するのである。

これを私は〝縁起の実践〟と呼んでいる。

縁起は「あらゆる存在や現象は、縁の関係で成り立っている」という仏教の立ち位置なのであるが、これを「関わる態度」として拡大解釈しているのである。関係性のニューロンを延ばすのだ。

重所属するコミュニティは、できるだけフェア（公正）な場が望ましい。できるだけシェアをする（分かち合う）場が望ましい。そして宗教性が豊かな場にも首を突っ込んでもらいたい。そんな場がなければ、自分でつくればよいのだ。フェア・シェアな場、お寺的な場は自分でもつくることができる。

また、関わっているコミュニティにしがみつくのはよくない。緩やかにつながる。縁があれば関わり、縁がなければ離れる。これを〝空の実践〟と呼んでいる。『維摩《ゆいま》経』という経典に、こだわりやとらわれのない営みは空の実践である、と説かれていることにヒントを得た。〝縁起の実践〟と〝空の実践〟の両輪を回すのである。練心庵もそんな場のひとつになればいいなと考えている。

日本仏教バッシングが教えてくれたこと

二〇〇五年、日本では死亡者数が出生者数を上回った。人口減少社会、少産多死社会へと移行したのである。二〇一〇年、「終活」がこの年の流行語大賞にノミネートされた。就職活動の「就活」ではなく、終末期に関する活動の「終活」である。

同時にこの年は、伝統仏教へのバッシングの年となった。

葬儀や墓にかかる費用の問題が噴出し、それにともなったバッシングであった。日本での葬儀費用は平均二百万円以上かかる、こんなバカな国は他にない、元凶は高額な布施や戒名料をとる寺院だ、とテレビ番組や経済誌などでも特集された。企業のイオンが葬儀業界へと参入したのもこの時期（二〇〇九年九月）であった。この問題は、現在の「ネットによるお坊さん宅配サービス」などにもつながっている。日本では長年にわたって仏教が死者儀礼の大半を担当してきたが、その形態が変節期を迎えているのだ。

ところが翌二〇一一年になって、伝統仏教教団が高く評価される事態が起こる。東日本大震災が契機となったのである。

東日本大震災では伝統仏教のお寺や僧侶が、積極的な公共活動を展開した。お寺は、避難場所として、活動拠点として、多目的に開かれた。また、非業の死に対しての鎮魂や供養が求められ、死者儀礼の重要性が浮上した。もちろん、各宗教が手を取り合ってこの問題に向き合ったのだが、これまで死者儀礼を担当し続けてきた伝統仏教が再評価された。

つまり現代社会はお寺や僧侶に公共性や公益性を求めているのである。二〇一〇年のバッシングと二〇一一年の再評価はそのことを端的に表している。

お寺や僧侶が公共性や公益性を示すのは、本来当然のことであろう。また真摯にこの面に取り組んできたお寺や僧侶も多い。ただ、多くのお寺や僧侶は檀家・門信徒というメンバー内における公共的取り組みや公益的取り組みが主であった。

お寺は日本列島くまなく配置されているので、お互いのテリトリーを侵さないように活動してきた面もある。メンバーシップとしての公共性・公益性に関しては、日本仏教のお寺はよくやってきたと思う。まさに信仰コミュニティと共に、地域コミュニティと共に、歩んできた。その苦労はよく知っている。お寺を運営するのは大変なことである。苦労に苦労を重ね、工夫に工夫を重ねていかねばならない。

現在、日本のお寺の多くは〝家族で運営する〟という（他国の仏教から見れば）驚くべき形態となっている。〝家業として宗教施設を運営〟しているような感じである。しかし、この形態だったからこそ各地域において存続してきたとも言える。

ただ、現代社会ではメンバー内だけの取り組みでは評価されないのだ。メンバー外への取り組み、他宗教との共感、不特定の人たちへの関わりが求められているのである。

もちろん、メンバー内への取り組みが不必要なわけではない。ここは生命線でもあるので、引き続き工夫に工夫を重ねていかねばならない。しかし、それと同時にメンバー外の領域にも関わっていくことが必要なのである。そんなわけで、メンバーシップ的性格が強い如来寺の他に、寺子屋活動の場を構想することとなったのだ。

でも、なにやらとても忙しくなってしまった。ただでさえいろいろ巻き込まれているのに。つい先日、タイのお坊さんに、「君は忙しすぎる。そんな生き方は間違っている。心がどんどんダメになるぞ。君がいろんなことをやればやるほど、周囲の人の仕事を奪っているのだ。周囲に仕事を任せなさい」と言われた。おっしゃる通りである。一言も返せない……。

第三章

地域に支えられる里家・むつみ庵

暮らし抜いていくためのグループホーム

この章では、私が運営に関わっている認知症高齢者のグループホーム「むつみ庵」について述べていく。

前述のように、如来寺の裏にある築六十年余りの木造家屋を改修してむつみ庵はスタートした。二〇〇二年の夏に運営母体であるＮＰＯを立ち上げ、翌年早々に開所した。グループホームと呼ばれる形態の施設である。

グループホームとは、「同じ障がいを抱えた人が共同生活をして、スタッフがそのサポートおよびケアをする」といった福祉施設である。認知症高齢者だけでなく、知的障がい者、身体障がい者、精神障がい者などのグループホームもある。生活単位が小さいことや、スポット型（一日の中の一部分）ケアではなく生活全般をケアできる、共同生活なので暮らす人の生活力が低下しにくい、立ち上げや運営に大きなコストがかからない、などのメリットがある。小規模ならではの「地域の匂い」も大切にすることができる。

実は、私はグループホームというものが何か、むつみ庵立ち上げのときまで知らなかった。母と母の友人に教えられて、調べてみると「最新の市民参加型福祉」「在宅と

グループホーム「むつみ庵」。奥には畑も。

施設の隙間をうめる存在」とのことであった。北欧には数多く存在しているが、日本ではまだまだ少ない状況であることもわかった。

〝すき間〟好きの血が騒ぎ、いくつかのグループホームを見学した。これは裏の家にぴったりかも、と考えるようになった。すでに述べたように、私は福祉にも高齢者介護にも興味があったわけではない。ちょうど「巻き込まれキャンペーン」の最中だったので流れに身をまかせたのである。実際に運営に関わっていると、なかなかよくできた形態だとわかり、今ではいろんな人に「始めるといいよ。私でもできたんだから」と勧めている。

認知症で、まだ身体が元気な人であれば、グループホームでの暮らしは悪くない。人によっては在宅で暮らすよりもよいと思う。少人数による共同生活というのがよい。

グループホームは大規模施設に比べると家庭的である。認知症の方は新しい情報に弱いので、できるだけ同じような顔ぶれでサポートするのが望ましい。たとえば、デイサービスを受けるにしても、いつもと違うスタッフが迎えに来たら、それだけで混乱する人もいる。その点、グループホームは小規模施設なので、利用者とスタッフは顔が見える関係で関わることができる。また認知症は、生活のあらゆる面が崩れていくので、時間で区切るようなスポット型の介護ではなく、生活全般をサポートするほうがよい。

家族が認知症になれば、その人をどうしても閉じ込めがちになる。もし親子ふたりで暮らしている家族ならば、働きに出る間はずっと表に出ないよう閉じ込めるしかない。そうなれば、当然本人の生活する能力は低下していく。しかし、共同生活の場合、暮らしていくためには、他者と折り合ったり、自己主張したり、配慮したり、食事の準備、掃除や洗濯など、できる範囲でさまざまなことをやらねばならない。だから、多くの人が暮らし抜いていく。生き抜くというのではなく、暮らし抜くといった感じである。

また、ひとりの認知症高齢者を家族みんなで見ることは本当に大変なことなのであるが、認知症高齢者が七～八人集まって暮らし、それを交替でお世話をするのはそんなに難しくない。

グループホームという形態はよくできていると思う。特に、むつみ庵のようにのんびりとして交通量も多くない地域で、ご近所はみんな知り合いで、伝統的な日本家屋と広い庭がある環境はグループホームがもつよさをうまく引き出せる。

今ならこのような特性を理解できるのだが、着手当初は手探り状態であった。それに、この家をグループホームとして認可してもらうには、ちょっと苦労した。

その当時の法制では、民家を改修して認可をもらうよりも、行政が設定した条件に合った施設を新築するほうがずっと楽だったのだ。まして木造の古い家となればなおさらである。この事情は今も変わっていないはずだ。いやむしろ規制が厳しくなっているので、当時よりも困難になっているかもしれない。むつみ庵の認可申請においても、行政の担当者は「この家を改修して認可を取ろうとするのはかなり難しいですよ。いっそ建て直したらどうです」とアドバイスしてくれた。

しかし、もともと「認知症の人たちが、この地域で、この家で暮らすのはきっととてもよいことにちがいない」と構想していたのであるから、家を解体してしまったら何にもならない。何度も担当者と折衝《せっしょう》をして、指示を受けながら、開所を目指した。

現在は市区町村がグループホームの窓口となっているが（地域密着型というカテゴリーになったため）、二〇〇〇年時点では大阪府が窓口であった。何度も大阪府庁に足を運んだ。担当者も親切な人であった。よく相談にのってくれた。しかし、数多くあるチェック項目がなかなかクリアできない。貧乏NPOなので、申請書類も自作である。そのため些細な間違いが多い。本来、事務作業が苦手なものだから、毎日かなり苦痛であった。今でも大阪府庁の前を通ると、その時期の気分になって胸が悪くなる。

介護保険という公的資金を使うのであるから、法制には従わねばならない。しかし、古民家がもっている雰囲気は壊したくない。そんな中、一番問題となったのが〝仏壇〟であった。これについては後述する。

むつみ庵の特徴

むつみ庵のテーマは「地域に支えられる里家《さといえ》」である。

〃里家〃は、〃里親〃にヒントを得た造語だ。「実の親ではないが、行けば『おかえり』と迎えてくれる」のが里親だとするならば、「自分が暮らしてきた家ではないけれど、『ただいま』と言ってもらえる家」にしようと考え、〃里家〃と名づけた。

この〃里家〃の運営を始めてみると、当初の予想よりも地域の人々に手伝ってもらうこととなった。それで、開所後は「地域に支えられる里家」がテーマになったのだ。

むつみ庵には、「古民家改修型」であることや、「寺檀制度を活用」していることなど、いくつか特徴的な顔がある。ほかにも、「段差だらけ」「仏間や縁側など、なくても暮らせるものが多い」「急傾斜の階段をそのまま使っている」「広い庭がある」「庭には樹木や四季の花がある。畑もある」など、住環境にも特徴がある。

広い庭があるので、玄関に鍵はかかっていない。利用者は好きなように出入りして、庭を散歩したり、草花を愛《め》でたり、畑仕事をしたりしている。介護スタッフに言わせると、庭に助けられる場面は多いとのことである。雨が続くと、利用者のストレスがたまっていくのがわかるそうだ。

現在、庭の一部が畑になっている。開所時にそんな構想はなかったのだが、たまたま畑仕事が好きなおばあちゃんが暮らすようになって始まった。最初は庭の片隅に小さな畝《うね》をつくって野菜づくりなどをやっていたのだが、今ではけっこうな畑となっている。イチゴ、豆、キュウリ、トマト、サツマイモなどを育てている。何かを育てる喜びというのは、どうも根源的なものらしい。芽が出て、花が咲いて、実がなるプロセスをお世話することは、認知症の人にとっても大きな喜びである。

畑の一件でもわかるように、明確なビジョンがあって運営しているわけではなく、その都度みんなで相談しながら「家」を維持している。素人が寄り集まって始めた家なので、開所してから数年は手探り状態であった。ただ、檀家さんの中には、大きな特別養護老人ホームを運営されている人がいたり、長年介護の仕事に従事している人がいたりしたものだから、なんとか歩みを進めてくることができた。地域の人たちも、「お寺が運営に関わっているなら、協力しようか」という雰囲気であった。なにしろ三百五十年以上にわたるおつき合いなのだ。

むつみ庵のスタッフも如来寺へやってくるし、認知症の人もやってくる。如来寺の法要があると、みんなでお参りに来てくれる。一緒に勤行するのが好きな人もいれば、僧侶の法話や説教を熱心に聞く人もいる。また、むつみ庵へやってくる利用者の家族も、お寺へ立ち寄ってくれたりする。むつみ庵と如来寺が互いにサポートし合う構図になりつつある。

むつみ庵はひとつのモデル

認知症には中核症状と周辺症状がある。記憶障がいや見当識障がい[*1]などの中核症状は、日に日に進んでいく。その一方で、徘徊・弄便《ろうべん》・異食・帰宅願望[*2]といった症状は、周辺症状（BPSD）とされている。我々が認知症と聞いてイメージする問題は周辺症状である場合も少なくない。周辺症状の大半は、本人のストレスや不安が低減すれば、やがておさまる。いわば副次的なものなのである。認知症の人は、ストレスや不安が高まっても、それを表現する能力が低下している。そこで、結果として周辺症状が始まるようだ。

　しかし、家族が認知症高齢者のストレスや不安を低減させるのは容易ではない。時間や空間の認識が壊れていく人と共に、ひとつの家で暮らすことになるのである。家族のダメージも大きい。それに、家族だから辛抱できない、といった部分もある。認知症となる以前の姿を知っているだけに苦しい。家族だから、どうしてもきつい言葉や態度で接してしまう。それによって認知症者のストレスも蓄積される。当事者みんながら、互いに傷ついていく。そういった面から考えても、家族ではない人たちが集まって家を運営するグループホームは選択肢のひとつだと言える。

それに、むつみ庵の人たちを見ていると「離れていても家族は家族なんだなあ」と感じることもある。同じ屋根の下にいるわけではないのに、家族がごたごたしていると、むつみ庵で暮らす利用者も荒れ始めたりするのだ。逆に、離れていても、家族が安定していると、利用者もおだやかだったりする。家族とはけっこう不合理なものなのである。だから、グループホームの運営側にとっても、家族の動向はとても重要である。

ところで、私はむつみ庵をとてもよい家だと考えているが、誰にとっても快適な家だとは思わない。実際に、むつみ庵での生活が合わなくて別の施設へと移っていった人もいる。田舎の家でのんびり暮らすのが好きな人にはぴったりであるが、生まれも育ちも駅前の商店街というような人には刺激がなさすぎる。

認知症の人でも、街中で買い物したり、喫茶店に行ったりするのが好きな人もいる。そんな人は都市部の施設がよい。

大切なことは、その地域にさまざまなモデルがあることなのだ。むつみ庵的な家もあれば、にぎやかな場所にある家もある。本人の気質や経済状況も含めて、自分に合ったものを選べる状況が望ましい。

たとえば、人口十万人の地方都市において、高齢者率が二五パーセントであれば、大きな特養（特別養護老人ホーム）がいくつあればよいのか、グループホームや小規模多機能施設がいくつあれば十分なのか、少ない費用で暮らせる施設がいくつ必要なのか。さらに田舎型や都市部型のバリエーションなどを加えて地域デザインすれば、「この街で老いていこう」「この街で死んでいこう」という気になるのではないか。その意味では、むつみ庵は小さな家ではあるけれど、存在意義は大きいと思う。

実はむつみ庵を始めるとき、「これからこういう家がどんどん増えるのではないか」と期待していた。なにしろ空き家などといったものは、どんな都市部にでもある。日本は人口減少社会なので、空き家は増える一方である。それを利用すれば、立ち上げも容易であり、地域雇用にも貢献できる。そう考えていた。しかし、そうはならなかった。病院や特養の併設形態のグループホームが多くなり、単立の家（単独で運営されている家）は少ない。ましてむつみ庵のような木造の田舎の家を使う事例は希少である。

＊1　記憶障がいは、過去の出来事を記憶として保持する能力が低下すること。見当識障がいは、自分のおかれている状況を把握する能力が低下すること。

＊2　徘徊は歩きまわることであるが、周囲から見ればなぜ歩きまわるのかがわかりにくい行動を指す。弄便は排泄された便をいじる行為、異食は食べ物ではないものを口に入れる行為、帰宅願望は「家に帰りたい」と訴えることである（自宅に居ても、帰りたいと言う場合もある）。

認知症であっても、お仏壇には足を向けない

むつみ庵は通常の介護理論から見れば、かなり不合理だと思う。玄関で履物を脱がないといけない。段差が多い。手すりは少なく、畳や敷居はつまずきやすい。階段は健常な者でも怖いような急傾斜である。広い縁側は、無駄なスペースであるとも言える。なにより仏間が家の中心にどんと設定されていて、大きな古いお仏壇が安置されている。大きな床の間もある。

認可のときはこの仏壇が問題となった。宗教的なものは認めることができないから

上●むつみ庵の玄関。もとはもっと広い土間であったところを改修した。利用者はみなここで靴を脱ぐ。下●仏間にあるお仏壇。普段は御簾がかけられている。

撤去するようにと指導された。

もともと私は仏教や浄土真宗を伝道するためにＮＰＯを立ち上げたわけではない。すでに述べたごとく、むしろ宗教の伝道に社会活動を道具として使うということは如何なものかと考えている。

私自身は、地域の住職としてできることは何か、といった思いで活動していくが、それを押しつけるようなことはしない。だから、むつみ庵を伝道の道具にするつもりはない。そのあたりを担当者と話し合った。結果的には、こちらの意向をくみ取ってもらうことができた。

実際にむつみ庵の中には、明確に自分の信仰をもっている利用者もいる。ただ、家の軸として仏間やお仏壇をそのままにしたいという思いはあった。この点は、むつみ庵に来れば誰もが実感できると思う。明らかに仏間・お仏壇が家の方向性を生み出している。家の中軸を形成している。これがむつみ庵最大の特徴なのである。

認知症の人でも、けっしてお仏壇に足を向けて寝転んだりしない。普段は御簾《みす》で見えにくいようにしてあるが、ときどきお仏壇の扉を開ける機会がある。そのときは、誰とはなしにお仏壇の前に集まり始め、正座したり合掌したりするのである。むつみ庵のもつ不合理性が発揮される時間である。

むつみ庵のお仏壇には、この家の先人たちやむつみ庵で生涯を終えた人たちの生と死が刻み込まれている。人の死を経過してこそ「家」に成っていく。仏間はそのことを体感できる空間である。このような場があってこそ、身体の知性*が担保されるのではないか。頭の知性は合理的なもので鍛錬されていくが、身体の知性は不合理なものによって養われると思う。そして不合理なものの代表は信仰や文化である。むつみ庵は、高度な設備はないが、文化的要素は高い。

床の間などはなくても困らない。なくても暮らせる。もはや床の間がない家のほうが多いにちがいない。しかし、床の間をつくってしまうと、そこを荷物置き場やゴミ置き場にするのは抵抗がある。やはりお花を生けたり、お香を置いたり、掛け軸を掛けたりする。

あってもなくても暮らせるが、あれば気になるものがある生活とない生活は違う。

＊　哲学者のメルロ＝ポンティは、精神や内面ばかりを重視する近代の傾向に警鐘を鳴らし、身体がもつ知性へと眼を向けることを主張した。

あれば気になるものが身体知を保持していくような気がする。

また、共同生活の家というものは、ある種の方向性が重要である。居間などはしばしばテレビがひとつの方向性を生み出す。これはこれで大切なことかもしれない。とにかく部屋の用途によって空気感の密度が異なるのである。やはり仏間は仏間ならではの密度がある。仏間が何をもたらしているのかを合理的に説明はできないが、むつみ庵の特徴を生み出していることは確かである。

文化とは、理屈に合わないもの

私自身、認知症高齢者のグループホームに関わることで学んだことはずいぶんある。文化的要素の重要性もそのひとつである。

ある現代建築家のエピソードがある。現代建築家が、彼の友人である外国人アーティストのアトリエに招かれた。そこは京都の町屋を改造したアトリエであった。外国人アーティストは、「どうぞ、そのまま靴で入ってください」と言う。そのアーティストも長年日本で暮らしている人物なので、日本の家屋は靴を脱いで入ることは知っていたのだが、古い家なので土足で使っているのである。「この家を借りるときに、大家さんがこの畳はもう使い物にならないから捨てるほうがよいと言ったのだが、土足履きの絨毯《じゆうたん》がわりならまだ使えると考えた。いよいよだめになったら、畳を捨ててフローリングに変えるのだ」と言うのである。

なるほど、それは合理的だな、と現代建築家も思った。この人はもともと合理的な考え方が好きなのである。頭では理解し納得して土足で家に上がろうとしたのだが……。

身体が嫌がる。

本人が驚くほどの嫌がり方だったそうだ。足がすくむ。土足で畳の上を歩く罪悪感は言葉では表現できないものであったらしい。数多くの現代建築をデザインしてきた自分がこれほど畳に反応するとは……、という驚きがあったのだろう。

意識している人はかなり少なくなったが、かつては敷居を踏まないとか、畳のへりを踏まないなどといったことを気にしながら暮らしていた。家の中での立ち居振る舞いにそんなタブーがあったのである。たとえ敷居や畳のへりを踏んだからといって、何か不具合が起こるわけではない。まったく不合理な習慣である。しかし、そういった暮らしこそが身体知を育み保っていくのである。

このような不合理性こそ文化の真面目である。

司馬遼太郎が「文明」と「文化」を、合理的かどうかで分類している。前者は合理的にできたものであり、後者は不合理なものだと言うのである。確かに文明は合理的にできているため、国や民族を超えて拡大していく。近代文化とは呼ばない。近代文明である。欧米型の近代文明は合理的であるがゆえに世界各地へと伝播していった。だから近代化した地域は、アジアでも南米でもアフリカでも、同じような光景が広がっている。集合住宅があり、高層建築物があり、学校があり、病院がある。そこで暮らす人は、少子高齢化、うつ病の増加、自殺率の増加など同じようなことで悩んでいる。

ついでに言うと、イスラムは欧米型近代文明とうまくマッチしないのである。だから、いったん近代化したのであるが、リバウンドが起こった。はたして彼らはイスラム型近代を構築することができるのか。今は産みの苦しみの最中といったところか。

このような「文明」に対して、「文化」は不合理であるがゆえに、ある一定の範囲以上拡大しないのである。

段差だらけでも怪我をしない

むつみ庵はごく普通の民家なので、段差が多い。床面は、敷居や畳など、油断すると足が引っかかりそうな要素もそのままである。

一般的な介護理論だと、具合の悪そうな箇所が多々ある。

二階への階段などは、かなり急角度で幅狭である。昔の日本家屋の階段そのままなのだ。

だから、利用者が階段を登り下りする際は、スタッフの配慮が必要となる。しかし、開所以来、一度もこの階段で怪我した人はいない。むつみ庵の階段があぶないのは誰の目にも明らかなのである（私だって、下りるときは慎重になるほどなのだ。次頁写真参照）。だから、みんながゆっくりと一歩一歩確実に登り下りする。すると怪我が起こりにくくなる。むしろ、フラットな床面でつまずいて転倒するといったことが起こる。ここが人間の不合理なところである。

たとえば、「部屋に入れば電気が点いて、出ると消える」「手を出せば蛇口から水が出て、手を引っ込めると水が止まる」「全面バリアフリー」といった施設で暮らすのは便利であるが、電気を点ける・消す、蛇口を操作する、足を上げる、などの能力が枯

二階への階段を上から見下ろす。かなり急なことがわかる。

れていく。基本的な〝暮らす〟という力量が低減するのである。

人間というのは一筋縄《ひとすじなわ》ではいかない。便利で楽になればよいかと言うと、そうでもないところもあるのだ。

高齢者施設は事故防止が最優先事項であるため、少々暮らす能力が落ちても、リスクヘッジに腐心するのは仕方ない。大規模施設においては、少人数のスタッフで大人数の高齢者をケアするので、設備の力に頼らなければならない。しかし、グループホームのような形態であれば、暮らす能力の低下をゆるやかにすることができる。素足の裏が畳と接する肌感覚や、柱や建具が放つ風合いを生かすことができる。

小さな生活単位でなければ、なかなかこうはいかない。

環境にアフォードされて行為する私

これまでむつみ庵をテーマに論文を書いた研究者もおり、遠近各地からの見学者も少なくない。サンフランシスコ大学やスタンフォード大学の研究者も見学に来た。なぜアメリカの研究者が興味をもったのか尋ねてみると、「文化的要素が高い施設を見てまわっている」とのことであった。

つまり、以下のような理由らしい。アメリカも徐々に高齢化が進んでいる。よりよい高齢者施設とは何かを考えていかねばならない。かつては、「アメリカは多民族多文化国家なので、できるだけ合理的な施設をつくればみんなが快適に暮らせるのでは」と取り組んでいたが、不合理な文化特性をそぎ落としたプレーンな施設をつくっても誰も喜ばないことがわかった。文化を甘くみていた、さまざまな文化的要素について調査せねばならない。アメリカからの見学者はそんな話をしてくれた。

日本の高齢者にとって、「お箸でごはんを食べること」「湯船につかること」「夏は暑く、冬は寒い暮らし」などは、我々が頭で考える以上に重要なことなのかもしれない。もちろん、次の世代はまた事情が異なっていくのだろうが。

付言すると、緩和ケア病棟*は空いた民家を使ってもいいのではないかという気がする。素人が思いつきで発言して申し訳ないのだが、緩和ケアは高度な医療設備がなくてもいいはずである。だから、いかにも病棟・病院といったたたずまいは不必要なのではないか。長屋のような民家を使うのはどうか。立ち上げのコストも少なくてすむ。

いずれにしても、福祉や医療における「暮らしの環境」はまだまだ考察が必要だろう。生態心理学の概念にアフォーダンス（環境が与える意味）というのがある。我々は環境にアフォード（与える・提供する）されて行動している面があると考える概念だ。ドアの取っ手は、その形状によって「引く」や「回す」という意味をアフォードしている。適度な高さと、きれいな曲線と、心地よさそうな素材でできたイスを見ると、腰をかけたくなる。イスは座ることをアフォードしているのである。

近年、都市の街路樹の縁石などが具合のよさそうな幅と高さにしつらえてあったりする。そして、やはりそこに腰かけている人がいる。長時間座るほど快適でもないが、ちょっと腰かける気にさせるのだ。アフォーダンス理論に基づいて、ある程度の時間だけ座るように誘導しているのだろう。よくできている。そういえば、かつて芸術家・岡本太郎が「坐ることを拒否する椅子」と名づけた作品を発表していた。あきらかに腰かける気にならない椅子のデザインとなっている。逆アフォーダンスとでも言おうか、やはり並の人ではない。

駅や電車の男性用トイレ（小便器）の中に、的や矢印のシールが貼ってあったりする。男性の小便は汚れがかなり広範囲に飛び散るので、アフォーダンス理論を活用してそんなシールを貼ったのである。使用する男性は、無意識に的や矢印に向かって小便をする。するとそんなに飛び散らない。環境からの提供に応えているのだ。逆にそのような提供に反応できないのはかなり心身が鈍いと言わざるを得ない。

「私が自分の意思で行為している」とだけ考えずに、「環境にアフォードされて行為している私」として設定するだけでも、ずいぶんいろんなものが見えてくる。ひいては、環境からの提供に反応する心理や身体を保持することにもつながる。それが身体知を成熟させていくのだ。

＊　緩和ケア病棟——終末期をケアする病棟。

むつみ庵スタッフ座談会

参加者　釈徹宗
南紀幸　（主任）／むつみ庵に来て十二年、男性
日高明　（ケア・マネージャー）／九年、男性
沖田都　（スタッフ）／三カ月、女性

前編

料理の味が違うのも、家っぽい

釈　むつみ庵の大きな特徴として、「民家で暮らしている」ということがあります。そのあたり、現場でなにか気がつくことはありますか？

日高　それは非常に大きいと思います。いわゆる無機質なコンクリートの「施設」という印象をまず与えない。だから利用者さんの中で、最初にここにいらっしゃった際に「私、ここに来たことある！」とおっしゃる方がいますね。

南　昔の家ってたいてい、つくりや配置が一緒じゃないですか。だいたいあそこにトイレがあるなとか。居間とか、仏間とか。だから違和感がないんでしょうね。

釈　そうですか。沖田さんは今春からのニューフェイス。いま入って三カ月ですか。

沖田　はい、そうですね。

釈　いかがですか、どんな印象でしょう？

沖田　そうですねえ。ゆっくりではありますが、だんだんと慣れてきました。

釈　介護のお仕事するのも初めてなんですよね。

沖田　はい、初めてなんです。

釈　沖田さんは、私がスカウトしたんですよね（笑）。この人はむつみ庵にぴったりじゃないかと思って。「ウチにきませんか？」と誘いました。

沖田　最初は気も張っているし、「やらなきゃ！　気づかなきゃ！」というふうな調子だったのですが。時間が経つにつれて、場所の持っているゆったりとした落ち着いた空気に助けられて、家に馴染むのはけっこう早かったかなと思うんです。

釈　違和感がなかった?

沖田　そうなんです。普通におばあちゃんの家に来るような気持ちで過ごさせていただいてるんですけど……。なんというか、利用者のみなさんと一緒にぼーっとしているときがあって、そういう何もない時間が怖くないというか。この感覚も、場所の持っている力があるからだと思います。季節が感じられたり、生活の息吹《いぶき》がすごくあって。だから「なんとかしなきゃ!」と無理に思わなくても、普通に呼吸をして、利用者のみなさんとおしゃべりしたり、目を合わせたりするだけで、許される空間なんだと思うようになりました。そうしたらいつの間にか、怖さがなくなっていました。それと、働いてるスタッフさんたちがみなさん「私は」という主語で話してくれるんですよ。「私はこう思ってるから」「みんなはどうか知らんけど」という(笑)。

釈　ははあ、うちのスタッフは個性的ですからね(笑)。とにかく、家のルールや縛りがあまり強くない、というのは一つの特徴でしょうか。

沖田　そうですね。それに、ご飯の味がそれぞれ違うというのもけっこう特徴ですよ(笑)。

釈　それはどういうことなんですか？

沖田　むつみ庵の食事は、つくる人によって味が違うんです。でも、谷口ホーム長は「それでええねん！」と（笑）。

釈　ああ、そうか。毎食、スタッフが交替で作っていますからね。

沖田　料理上手なお母さんたちがつくるんです。とにかく基本的に「ええねん、ええねん」で進んでいく（笑）。

釈　一応、栄養士さんに指導やアドバイスをしてもらっていますが、いわば普通の家庭料理ですね。

沖田　はい。また、ご近所から新しく採れた野菜なんかをもらったりすることがけっこうあるでしょう。それがそっと添えられ、一品増えていたりする。とてもあたたかい食卓です。

釈　そうそう。そのあたりもいわゆる自然体で運営していますから。だって、普通の家庭の暮らしって、なにか厳密な理論に沿っているわけじゃないでしょう。もっとみんなの情緒でものごとが進む。その雰囲気ですよね。

いるだけで明るくなる人

釈　ところで、「この人はお世話されるのが上手だなあ」とか、「お世話するのが上手だなあ」という人っていますよね。思い当たることはありますか？

日高　「お世話されるのが上手」ということでは、まず思い浮かんだのが勝間さん（女性・仮名）なんですけど。

釈　ああ、勝間さん。本当にもう、そこにいるだけで家がパァーッと明るくなるような人でしたね。むつみ庵で最期を看取らせていただきました。お亡くなりになったのは、二年くらい前でしたか？

南　いや、もう三〜四年ほど前になります。

釈　もうそんなになりますか。いまだに息子さんがボランティアで来てくださるんですよね。

日高　勝間さんはなんともいえないよいムードをもった人柄でした。たとえば、ＢＰＳＤ（周辺症状）などが出ることもあったのですが、それもご本人はどこ吹く風的な。こちらが、「ああー！　ちょっと待って！」と混乱しても、ご本人は「ふふふ〜ん♪」

と笑ってるんですよ。「あら、兄ちゃん、何してんの?」って感じ（笑）。

釈　逆に、「自分」というバリアを強く張っていたのは？　やはり池本さん（男性・仮名）でしょうか。

南　そうですね。かつては、もう、ちょっと話しかけただけですごい顔でにらまれたりしました。こちらが挨拶してるだけやのに、「お前ケンカ売っとるんか」のオーラですよ（笑）。「近づくな」「俺には構うな」って感じです。

日高　でも今はすごく柔和ですよね。

南　じっくりと一対一で話をしたら、けっこう開いてくれるんです。いろんな話題ができる人ですよ。

日高　私は、庭の畑作業の効果もあるのではないかと考えているのですが。

南　それもあります。その前にもいくつか転機があったんですよ。たとえば以前、囲碁大会に出場したことがあって。それもバリアが下がるきっかけになりましたね。

日高　池田市の大会で優勝したのでしたか?

南　優勝やったんかな、二位やったかも。とにかく、その前まではほぼ自室で過ごしてた人なんです。みんなで一緒にやる散歩や体操、それと食事以外はお部屋にいることが多い。でも、将棋や囲碁やテレビゲームなどをきっかけとしてアクティブになり、それが畑仕事へとつながりました。もともと独り暮らしをしていて、それが認知症を進行させていたタイプなので、共同生活のリズムに合ってくると、もっていたポテンシャルが発揮されることとなりました。

バリアを下げてもらうために

釈 だんだんとお世話されるのが達者になってきましたか?

南 自分ひとりで達者になるわけではないです。やはりこちらとのやり取りの中で上手になっていく感じですね。たとえば、私は利用者さんひとりひとり、かなりやり取りが違うんですよ。気がついていた?

沖田 はい。違いますね。

南 そこで「演じる」という意識でやっています。だから、ときには「この人にはけっこう上から目線でいく」とかいう場合もあるんですよ。もちろん意識は常に対等なのですが、コミュニケーションのテクニックとして。

沖田　そうでしたか。でもそれはかなり流動的なものなんでしょう？

南　そうそう。いろいろと試しながら。「なあなあ」でしゃべってみてあかんと思ったら敬語でしゃべってみるとか。それで使い分けて相手と自分との歯車をかみ合わせていく感じなんです。

沖田　最近、波多野さん（女性・仮名）に対して、女性キャラで関わっておられるでしょう（笑）。あれ、面白いです。

南　せやろ（笑）。

沖田　「波多野さん、今から美人が来るから、その人にコップ返してね。ちょっと待ってて」と言って、わざわざキッチンの中に入って、「あら、お待たせ。コップ、どうもありがとう」と女性になりきって（笑）。

南　どういうわけか、あれやると波多野さんとの会話がいい感じになるんや。いろいろと聞き出せるようになった。

釈　今日、二人のやり取りを横で聞いていて、波多野さんがとても会話を楽しんでいたので驚きました。少し前までは、ずっとひとりごとをしゃべっていたのに。

日高　今は「一緒に行きましょう」と、自分から手をつなぎに来てくれたりしますよ。

釈　あらためて考えてみますと、バリアを張ったり、頑《かたく》なに抵抗する人というのは、もちろん気性もあるとは思うんですけど、どうしてもバリアを張りたくなる状況とか、雰囲気とかもあるでしょう。認知症の人だけでなく、我々だって、バリアを下ろしても安心できるときもあれば、ガードを強くしたくなる場面もありますから。

日高　そうですね。また、ちょっとした一言で大きく変わることもあります。以前、しばらくの間だけむつみ庵で暮らしておられた大村さん（女性・仮名）。とても帰宅願望が強かったんです。もう感情的になって、「あんたココの人間でしょ！　ココはどこなのよ！　私を帰してよ！」と詰め寄るんです。それに対していくら合理的に説明しても、受け入れてもらえなかったのですが、あるとき私が素直に「僕もよくわからないんですよ。僕も毎日手さぐりなんです」などとしゃべっちゃったんですね。すると意外なことに、「あらそうなの？　どういうことなのかしら？」と、それまでにないやり取りになった。どうも「同じわからないもの同士」というグループに入っちゃうようなんです。私自身もうまく変われた気がしました。

釈　う〜ん、介護は奥が深いなあ。

（後編につづく）

第四章

看取るということ

初めての看取りのとき、むつみ庵が揺れた

むつみ庵には、医療能力がない。

医療に関しては、近隣で開業している医師に診療や相談をお願いしている。またケースによっては訪問看護を利用する。大規模な複合施設と異なり、ケア能力は低い。だから、利用者が身体的に重篤な状況になれば、医療能力をもつ施設に移っていただくこともある。医療資格がなければできない介護もあるからだ。

ただ、いくつかの条件がかみ合えば、最期の看取《みと》りまで暮らしてもらっている。

これまでに七名の方が最期まで暮らしてくれた。いくつかの条件とは、利用者や家族が「この家で最期を迎えたいと望んでいる」「積極的な延命治療は望まず、在宅の自然死を望んでいる」、利用者本人が「入院や施設転入の必要がない場合」などである。もちろん介護スタッフの意見や判断も入る。

むつみ庵開所以来、在宅自然死については、社会学者や医療関係者と検討を重ねてきた。私自身、病院で最期まで治療を尽くして息を引き取るのが当然と考える世代なので、学び始めは自然死という選択への怖さもあった。しかし、繰り返し事例を目の当たりにすることで、少しずつ理解を深めていった。ホーム長の谷口静子とも相談し

ながら、「いつかむつみ庵での看取りを実行する日が来る。その時は、あの仏間を使うことになるかもしれない」などと考えていた。

ところがまだ看取りの覚悟も不確かなうちに、二〇〇九年、九十二歳の女性が老衰で今生の息を引き取った。初めてむつみ庵で生涯を閉じた人である。夜勤のスタッフは、いつも二時間ごとに部屋の様子をうかがう。その時も、十二時に確認した際は平常だったそうだ。ところが午前二時、見に行くと様子がおかしい。呼吸がとまっていたので懸命に人工呼吸をした上で救急車を呼んだが、そのままお亡くなりになった。

この女性の死はむつみ庵に動揺をもたらした。

開所以来暮らしてきた女性だっただけに、介護スタッフはいろいろと思うところがあったようだ。年配のスタッフと若いスタッフとの意見の相違なども浮上した。「だいたいあなたはこの家をどのような方向へ進めていきたいのですか」と、私もスタッフに詰め寄られた。しっかりした介護理論を学んでいる若いスタッフから「ここのやり方を考え直したほうがよいのではないか」と告げられた。今まで取り繕《つくろ》っていた姿が崩れるような思いであった。ひとりの人の死がこれほど家を揺らすのか、と感じた。

おかげでこのときに、あらためてむつみ庵のあり方をじっくり考えることができたのである。同時に、看取りについての姿勢も明確化したので、むつみ庵史上最初のエポックメイキングな出来事となった。

偏り始めたら逆方向へ

どうも〝よい家ゾーン〟のようなものがある気がするのだ。〝よい家ゾーン〟とは、家のもつ方向性の偏りが弱い状態を指す。偏りが強くなるとゾーンから外れる。

むつみ庵は、当初、手探り状態の見切り発車だったので、〝よい家ゾーン〟からかなり離れたところから歩みを始めた。一軒家で普通の家庭っぽい施設を目指して進み、ついには〝よい家ゾーン〟へと突入できた。

むつみ庵の介護スタッフは情が厚い。田舎の人特有の情人間が多い。自力で座位がとれなくなった利用者を自分のひざの上に載せて食事介助したり、抱き抱えて一緒にお風呂に入ったりする。

このお家で働いている人の大半はご近所の主婦であり、如来寺の檀家さんである。開所当初は、それぞれの祖父母や両親を介護した経験をベースに利用者と関わる人が多かった。だから、スタッフと認知症高齢者との距離がかなり近かったのである。互いに言いたいことを言い合う仲で、ときにはスタッフと利用者がマジでケンカをすることもあったほど密接な関係であった。それはまるで田舎のおじいちゃん・おばあちゃんの家といった雰囲気だったのだ。

介護スタッフも普段着でむつみ庵にいる。ユニフォームなどはない（これは今もない）。一日のスケジュールも、一般的な施設のように厳密ではない。「ああ、今日はいい天気だから、どこか行こうか」的な調子である（今もこの調子だ）。体操や歌のプログラムもそれほど熱心じゃない。スタッフが「あんな幼稚園児のようなことをさせるのはかわいそうだ。自分の親なら、させない」などと言い出す始末。

いずれもとてもよい方向へと進んでいる表れだと考えていた。

しかし、どんなによい方向性も、やがていきすぎる。

いつの間にか、利用者とスタッフの距離が近くなりすぎて、施設としてのよいゾーンから逸脱し始めたのではないか。それが、ひとりの女性の死をきっかけとして噴出したのにちがいない。家の動揺の根はそこにある。そう考えたので、このときからスタッフに「プロとして、きちんと仕事をしてもらう」と言うことにした。ついこの前は「むつみ庵は、家庭的でプロらしくないところがいいのだ」などと公言していたのに。なんといい加減な男なのか、自分でもそう思ったけど仕方ない。逆方向へと引っ張る役目を果たさねばならないのだ。

スタッフと利用者との距離が近いと、思い入れがある人とない人とのばらつきが生じる。それはまずい。

それまではスタッフが利用者を「ねえちゃん」とか「よっちゃん」などと呼んでいた。「みなさん、これからはきちんと○○さんと呼んでください。それにもっと丁寧な言葉遣いで接するようにしてください」と提案するようなところから始めた。介護理論から言えば初歩の初歩なのだろうが、これまではそれも適当にやっていたのである(今はまた気楽に呼び合えるムードへと変わってきたが)。

そんなわけで、むつみ庵が再び〝よい家ゾーン〟へと復帰するまで、一年近くかかった。

おそらく、いずれまた逆方向へと舵《かじ》を切る日がやってくるのだろう。いきすぎたなと感じたら、また逆方向へ。行ったり来たりしながら、できるかぎり〝よい家ゾーン〟のあたりをうろうろできるよう先導するのが自分の役割なのだ。

このような手法は仏教から学んだ。

仏教では、「これが正しいと思った瞬間に見えなくなるものがある」と説く。だから、枠組みを常に点検して、偏らないようにするのだ。どんなに正しいと考えられている意見や行為も、偏るとダメなのである。仏教思想のユニークなところだ。

偏り始めたら、逆方向へと引っ張らねばならない。偏りを点検するために、第三者評価に耳を傾け、できるだけ外部の人に来てもらうように努める。

また、スタッフを他施設に派遣し、研修やミーティングを繰り返し、むつみ庵を他所《よそ》でプレゼンする。そうやって歩んでいくのだ。

むつみ庵は仏教マインドが基盤なので、揺れながら歩み続けるのである。

これは施設の運営だけでなく、我々の生き方全般に言えることなのである。自分の偏りは、なかなか気づくことができない。自分の姿を点検する鏡が必要である。

仏教の教えは鏡でもある。

仏教の教え通りに生きていくことはなかなか困難であるが、教えと照らし合わせることで、自分がどれほど教えから乖離《かいり》しているか、自分はどこへ向かっているか、どこに立っているかを点検することができる。

むつみ庵のエポック・メイキングが一段落して、〝よい家ゾーン〟で安定したとき、新しい取り組みを始めた。「在宅の高齢者にも関わろう」という取り組みである。在宅の人は、どんなサービスが受けられるのかよく知らない。自分にはどんなサービスの組み合わせがよいのかもわからない。そこで、むつみ庵の庭にある物置をケアプランセンターと名づけ、事業所認可を申請した。物置の扉に「ケアプランセンター」と板に書いて貼っただけなのだが。

無事認可を受けることができて、在宅高齢者のサービスのコーディネートやケアプラン作成を始めることができた。これはとても好評だった。担当のケアマネージャーが優秀だったので、とても喜ばれた。でもうまくいきすぎて、ケアマネージャーが独立してしまった。それで現在は休止状態である。

しかし、その気になれば物置を使って何かを始めることができるのだ、という自信にはなった。

死を経て家になる

ひとりの女性の死で揺れたむつみ庵。

よい雰囲気へと戻ることができてすぐ、二人目の女性が息を引き取った。やはり老衰であった。穏やかな人柄で、かなり弱ってはいたものの亡くなるその日まで普通に暮らしていた。そして、今回は家全体でしっかりと受けとめることができた。

仏間にご遺体を寝かせ、遺族とお茶を飲んでいると、「本人はずっとひとり暮らしだった。そして晩年はここが自分の家だと認識していた。だからここでお通夜とお葬式をしてもらえないか」との申し出があった。「よろこんで」、私もホーム長も即答した。「ただいま」と言ってもらえる家にしようとここまで来たのである。ここで葬儀をと言われ、本当にうれしかったのだ。

むつみ庵の仏間でお通夜とお葬式を勤めた。

もちろん認知症の利用者も一緒に。いずれもいつもと違う雰囲気に少し落ち着かない様子だったが、よいお通夜、よい葬儀ができた。

葬儀が終わって、仏間から出棺されていく様を見ながら、ふと「ああ、ここが〝家〟になった」という思いが湧いた。なんとなく、〝施設〟じゃなくて〝家〟だと思った。死の営みがあってこそ〝家〟になっていくことを実感した瞬間であった。

その後むつみ庵では、何人かの人を看取ることとなり、現在に至っている。

数人の医師から「過度な延命治療を避けると、臨終まで穏やかに過ごせる」とは聞いていたが、確かにその実感はある。末期になると、飲食が困難になって、次第に痩せていく。すると今までよく「痛い」とか「苦しい」と言っていたのに、それほど辛そうではなくなっていく。痛みや苦しみを感じる能力も低下していくのかもしれない。それが生物としての死のメカニズムなのだろう。

かかりつけの医師はベテランなので、彼が「もう臨終は近い」と言えば数日と違わない。最期は水分だけの摂取となる。末期の水という言葉があるが、まさにそんな様子だ。脱脂綿に水を含ませて口を湿《しめ》す。家族がやってきて、ベッドサイドでアルバムを見たりしながら、昔話を語り合う。

スタッフが顔の表情から察知して、「居間へ行きたいのですか?」と声をかけると、うんうんとうなずく。居間のイスに座って、ぼんやりとみんなが談笑しているのを見ている。「そろそろ部屋に戻りますか?」と尋ねると、うなずく。

部屋で横になると、下顎《かがく》呼吸が始まり、脈が微かになり……。人は一気に亡くなるのではなく、各部分が次第に死んでいくのではないか、そのように感じる。フェードアウトといった様子なのだ。

かかりつけ医によって死亡が確認されると、家族の許可を得て、臨終勤行（ご遺体の横での勤行。一般に枕経《まくらぎょう》などと呼ばれる）を行う。まだ聴覚は生きている気がする。読経が聞こえている気がする。長年、僧侶として臨終勤行を勤めてきたが、あらためて「ああ、これが枕経か」と痛感した。

もちろん、食事が困難になった時点で入院という選択もある。点滴などで栄養を補給することも可能だ。胃ろう*という手段もある。ただ、点滴をするとどうしても痰《たん》がたまるようだ。また、体液を循環させる機能が低下していると、身体のあちこちに浮《ふ》腫《しゅ》ができたり、痛みが持続したりすると言われている。

緩和ケアや在宅自然死を選択する人たちは、このような事態を避け、少し死期が早まってもいいからそのままにしておいてほしいと望んでいるのである。治療や痛みを乗り越えた先に日常への復帰があるのなら辛抱するのだろうが、何カ月か何日か死を先延ばしするだけの苦痛なら避けたいというわけだ。

医師の中村仁一《じんいち》氏によれば、若い医師は自然死と接する経験がないので、延命に延命を尽くして死に至るのが普通だと思っているそうだ。だから、今のご遺体は昔に比べて重い。かつての水死体の重さだと言う。

うちのスタッフの知り合いに、ひとりで暮らしている高齢者の女性がいる。その人は家の柱に「私がもし倒れていても救急車を呼ばないでください」と書いて貼っているとのことだ。救急車で運ばれると、蘇生措置《そせいそち》や延命治療が始まるからである。そういう選択をする人もいる。

延命治療が間違っていると言いたいのではない。もし延命治療が嫌なら自己表明しておかねばならないという話なのである。我々はそのような社会に生きているのだ。

第二章で終活の話題を取り上げたが、自らの死について考え、自己決定して、選択を表明しておかねば、望まない状態に長くおかれることもあり得る。つまり、現代社会は我々に「終活せよ」「死生観をもて」と要請しているのである。

＊　胃ろう——口から栄養が取れない人のために、胃の壁に穴をつくり、そこから栄養リキッドを流し込む医療処置。

むつみ庵の日常。皆で洗濯物をたたんだり、ゲームに励んだり。

むつみ庵スタッフ座談会

参加者　釈徹宗（主任）／むつみ庵に来て十二年、男性
南紀幸（ケア・マネージャー）／九年、男性
日高明（スタッフ）／三カ月、女性
沖田都

後編

利用者との距離をどう詰めるか

沖田　これは言っていいのか、うまく伝わるのかどうか、よくわからないのですが……。なんというか、認知症であることで助けられる、救われることもあるのかな、

そう感じているんです。

釈　ほお、それは？

沖田　よく「人間は忘れるという能力があるから生きていける」などと言いますよね。そのような意味で、みなさんがきれいに忘れてくれる、なにかあっても引っ張らないと言えばいいでしょうか、だからご本人も私たちも救われるといった……。

釈　問題をいつまでも引きずらない？

沖田　私自身にもコンディションの波があります。ちょっと落ち込んでいたりとか、逆にテンションが高いときもある。前回の勤務で「あー、やっちゃったなぁ」と落ち込んでいるときでも、再びむつみ庵に来るときれいにリセットされている、すると私自身もリセットできます。

釈　ははあ、そうですか。個人的には言い淀みながらの語りというのは、興味深いです。まだうまく言語化されていない話って、大事ですから（笑）。

では、人と人との距離をどう詰めるかという問題はいかがでしょうか？　これも大きなテーマです。通常の人間関係においても大きなテーマなのですが、とくに認知症の方との距離の詰め方に関しては、みなさんそれぞれ工夫があるのではないでしょうか？

日高　それは毎日のように浮かび上がる問題です。私たちと利用者さんとの関係もありますが、利用者さんと利用者さんとの距離も気になる問題なんです。たとえば、お二人で並んで座っていても、よく見ると片方の人がずっと一方的に話をし続けている場合があると、そこに少し話の間に割り込んでみたりします。できるだけ家のみんながストレスのない距離で暮らすことが大切だと思うので。

釈　みんながみんな、気が合うわけじゃないですからね。現在は九人の利用者さんが暮らしていますが、当然それぞれ合う人合わない人がいるでしょうから。

南　そういうのを見極めた上でなければ、座席だってうまく機能しません。

釈　居間や食堂の座るポジションですね。これはミーティングでもしばしば議題になります。ときには席替えをおこなうのですが、かなりセンシティブな問題ですね、席替えは（笑）。

南　どなたとどなたを横に座ってもらうか、これはスタッフの腕の見せどころです。普段から家の中の人間関係をしっかり把握していないと。

沖田　ときどき、急に席が変わっていて驚くこともあります。「あっ！　そうか、そうなったんやあ……。なるほど」と感心したりして（笑）。

釈　スタッフの距離の詰め方としては、とにかく「いつもいますよ」ムードを出す。これで次第に距離を縮めているようですね。

沖田　私の印象ですが、スタッフのみなさん、ここという切れ間がないんですよね。「ここまでが仕事」といった態度があまりない。いい意味で利用者の方とスタッフが混じってるというか、境界がない。

釈　ああ、それはたしかに。むつみ庵のいいところかもしれませんねえ。

沖田　その手の境がないから、私も「自分のペースでいいんだ」と思えるし、無理だったら「無理」と言うことができます。

日高　よくある周辺症状に「物盗られ妄想」ってあるでしょう。武藤さん（女性・仮名）などは起きやすい方なのですが、やはり心理的な不安感の裏返しのようです。不安感の裏返しなので、信頼の表現である場合があります。「あなた、私の財布盗ったでしょう！」と言われた人が、実はその人に一番信頼されている。だから、誇りに思ってい い、などということもあるんですね。

釈　えー、そうなんですか！

日高　はい。とくに武藤さんは不安と信頼とが交錯するので、ちょっとしたことで不安になることもあり、ちょっとしたことでとても安心されます。基本的には傾聴が一番よいようです。それに、利用者さん自身が「こうしたほうがこの家にとっていいのではないか」と意見を言うこともあるのですが、これがなかなかあなどれません。

相手のストーリーに乗る、あるいは諦める

釈　私などはスタッフのそういうやり取りを横で見ていて、とても感心することがあります。たとえば、以前、木下さんというスタッフがいたでしょう。別のお仕事を始めるので辞めていかれましたが、あの人も面白い人でした。さっき話に出た、お世話され上手の勝間さんが、ときどき木下さんを自分の娘だと思い込むんですね。それで娘のように話しかける。すると見事に娘を演じるんですよ、木下さんが。急に熊本弁使ったりして（笑）。

沖田　ええー！

釈　その様子を観察していると、スタッフが日々、自分を（　）《カッコ》に入れて、他者の世

界に乗っかっていることを実感します。それは、スタッフ自身の「お世話され上手への道」でもあると思うのです。スタッフがこだわり持ってしまったら、もう家が動かないですから。

日高　ええ、そうでしょうね。だから、その人の世界観やストーリーに乗っかれないとしんどいです。でも、その人がどういった世界を見ているのか、どういったストーリーを生きているのかが見えない、乗っかることもできないことがあって。それはそれで厳しいんですよ。ご本人も混乱しているのかもしれませんが。たとえば、朝、お部屋のドアを開けて「おはよう」と起こす。「ああ！　おはよう！」と快活に挨拶してくれる。いったん、ドアを閉めて、他の人を起こしてからもう一度ドアを開けると、今度はものすごくむすっとしていたり。その背景がまったく理解できなかったりする。その日のコンディションにもよるのでしょうが。

釈　う〜ん、そのあたりは認知症の方とのおつき合い特有のしんどさでしょうね。ご家族もそういうことで振り回されたりしますね。

日高　だからうまくその人の流れをつかむことができれば、いいコミュニケーションへとつながります。それはそんなに特別なことではなく、ごく日常的なことなんです。でも、そこに不具合が起きると、私自身も苦しさを感じることとなります。

釈　コミュニケーションが順調であればそばにいてもつらくないけど、どうしてもうまくいかないときもありますね。認知症の方でもコミュニケーションの流れがあるのは間違いないんですが、とてもわかりにくい人もおられる。しかし、私などからすれば、みなさんはすごくうまく流れをキャッチしているように見えますが。

沖田　こちらも諦め上手なところがなければいけないのかもしれません。それはかなり大事な気がします。無理にものごとを進めようとせずに、「ああ、これはアカン」と、その場でポイッと捨てる。

釈　そうか、そうですね。

沖田　その点、南さんは上手に「これはダメや」とポイッと捨てます（笑）。

釈　そうですね、南さんはうまい。あれは経験の差ですか。

南　いやいや、あれは放置介護という必殺技です（笑）。そう名づけました。

沖田　放置介護ですか（笑）。

南　「そっとしといてあげておく」の見極めが必要な技やで。

釈　たしかに若いスタッフはなんでも真面目に考えて、「なんとかしなきゃいけない」

とか思うんですけど、年配のスタッフは「もうほっといたらええねん」みたいなこと言うねえ（笑）。

沖田　それもきっと、考えに考えて、その先にあることとなんだろうと思うんですけど。どこかで吹っ切れるときが来るんでしょうか。

南　それもある。また、「本人にまかせっぱなしにしていたら、どんな展開になるんやろか、見てみたい」というのもあるよ。ただ単にほったらかしているように見えるかもしれないけど、いつも以上にアンテナの感度を上げていたりするからね。

日高　実は、スタッフは何もしてないときのほうが、利用者のみなさんが活発に活動していますよ。

釈　えっ、放置しているほうが活発なんですか。

日高　そうです。自由に家の中で動いています。また、むつみ庵は玄関が開けっ放しで庭を使えますから。もちろんスタッフは見ていないようなふりで見ているのですが。

沖田　見られていると、自制してしまうこともあるのでしょうね。

釈　スタッフの目を気にしてジーッとしてるけど、誰も見てなかったら好き勝手なことをするような。

沖田　スタッフが見ていないときに、むつみ庵の悪口を言ってるかもしれませんよ（笑）。

檀家制度だからこそ

沖田　これはとくに強く感じるのですが、私はご縁があってむつみ庵へ来ましたが、ほとんどのスタッフは如来寺の檀家さんでしょう。南さんのお家も如来寺の檀家さんですよね。そういったもともと持ってるコネクションの強さが、そのままむつみ庵の足腰の強さになっています。お寺の存在を感じながら介護の仕事をされているというのは、意識の持ち方や幅が違うんじゃないかな。私はまだどなたも看取ったことはないのですが、もしこれから末期を迎える方と関わっていくことになって、臨終を看取ることになったとき、釈先生が来てくれたりすると、すごく安心だろうなと……。

日高　浜口さん（女性・仮名）のご臨終のときも、釈先生がすぐに枕経を勤めに来てくださいましたよね。

釈　はい。勝間さんのときもそうでした。勝間さんのときは、息を引き取られる直前からいました。まさにフェードアウトされていくような最期でした。すぐに臨終勤行、いわゆる枕経を勤めたのですが、あらためて「ああ、これが臨終勤行か」とリアルに感じました。これまで数多くの枕経を勤めてきたいい歳の住職がそんなことを言って、本当に恥ずかしいのですが。勝間さんの息は途絶えたものの、まだ聴覚は残っておられるという実感があったんです。その残ってる聴覚にお念仏を聞いていただく、そういう場でした。おそらくはるか昔から人間はこういうことをしてきたのだろうと腑に落ちましたね。

今、沖田さんがおっしゃったように、伝統的なお寺と檀家さんのネットワークを活用してることがむつみ庵の大きな特徴となっていますが、それについてはいかがですか。

南　スタッフのほとんどが地域で暮らしていますから、仕事の時間以外でもむつみ庵の人と出会います。この前、利用者さんとばったり会ったら、「あんた誰?」って言われて。

一同　あははは。

南　もちろんいつもの格好やジャージ姿なら、「あ、兄ちゃん!」と声をかけてくれる。でもそのとき、家業を手伝っていたので、植木屋さんの作業着を着ていたんですよ。そしたら、みんなに無視されて。こちらから声をかけたら、「誰？」って感じで。

沖田　植木屋さんの作業着に変わっただけでダメだったんですか⁉

日高　いやそれは僕でも気づかないかもしれませんが（笑）。

南　どうもみなさんそれぞれに、俺のキャラクターが植え付けられているみたいで、それと異なれば、わからないときもあるようやなあ。

日高　それはそれで大事ですよね。でも、植え付けているって……いくら植木屋さんでも（笑）。

看取りを経験して

釈　他に、なにか印象に残るようなエピソードなどありましたらお願いします。

日高　自分自身のことを言えば、看取りの場面にいたときのことが今も忘れることはできません。浜口さんの臨終にご一緒することができました。あのときは、次女さんか、三女さんがそばにおられて。

釈　そうでしたね。

南　三女さんやな。

日高　三女さんでしたか、ご夫婦で枕元におられて。僕は、「最期まで耳が聞こえてるらしいので、どうぞお声かけしてあげてください」と言いました。それでいろいろと語っておられましたが、三十分ほどして、「息をしなくなりました」と……。

　あれは南さんが娘さんたちに「来てあげてください」と提案されたんですよね。

南　いやいや、あれはご本人の希望や。

釈　ご本人が「三人の娘を集めてください」とおっしゃったんでしたね。

日高　臨終の場は悲壮なものだとばかり思い込んでいましたが、あのときの浜口さんの最期はとても穏やかでした。あれから死のイメージが変わったんです。

南　正直に言うと、我々が何かできるわけでもないからなあ。これまで何度か看取りをさせてもらったけど、ご本人と家族さんとの間にある、我々ではおよばないものを感じたな。それだけに、最期のところでつまずきたくないという思いもあるな。これまで続いてきた関係がダメになる気がして。

釈　そうですか、臨終の場というのはごまかしがきかないんですね。でも、そこへ至るまでのプロセスで信頼関係がなければ、そもそも在宅自然死という看取りも成り立たないわけです。

日高　スタッフ全体で看取る態勢をつくっていかねばなりませんよね。

釈　そうそう。そうなるまではけっこう時間がかかります。沖田さんは何か印象に残っていることはありますか？

沖田　二つありまして。一つは、まだ働き始めて間もない頃、芝浦さん（女性・仮名）と接してる中で、お手洗いで二人になったことがあって。そのときに芝浦さんが私のことをすごく理解していることがわかったんですよ。それがパーッと表情から伝わってきました。その表情がすごく印象深くて。なんというか「私は大丈夫なのよ」という感じの、もう悟ってるようなお顔で。

それともう一つ。この間、家族会に参加したとき、家族がいっぱいいて、「これ、まるで法事だ」と思いました（笑）。

釈　あはは、なんなんですかねえ、あのむつみ庵の「法事感」は（笑）。それはよく言われます。

日高　田舎の民家に家族が集まるとそうなりますよね（笑）。

沖田　そうか、懐かしい感じが法事感か。うちのおじいちゃんが健在だったときのお盆や法事の空気そのまま。あのときと同じなんですね。家族会などは、まさに法事（笑）。お茶とお菓子を出して、終わったら「はぁ～」と緊張が解けました（笑）。

こんな家にしていきたい

釈　最後に、これからこんな家にしていこうとか、こんなことをやってみたいとかありましたらどうぞ。

日高　谷口ホーム長は嫌がると思うんですけど、動物を飼いたいなと（笑）。

釈　それはこれまでも何度か出ている提案ですね。

日高　先ほど沖田さんがおっしゃったように、むつみ庵はスタッフと利用者さんが混じり合ってる家ですから、そこにさらなる異存在を投入する意味で、動物を……。

南　めだか飼ってるやんか。

一同　あはは、ほんとだ。

釈　でも、もうひとつ要素が入ることでケミストリーが起こるかもね。それを見てみたい気もする。

日高　人がいて、植物が豊富で、ここに動物が入るといいような気がするんですが。

釈　南さんはどうですか？　これからしていきたいことなどありましたら。

南　できれば、さらに家族的な家にしていきたいと思うことがあります。僕はあまり敬語を使わないのですが、それはちょっと意識している面もあって。ほら、家族ってお互いに敬語を使わないでしょう。

釈　それは南さんの人柄もあると思いますよ。南さんならではのコミュニケーション・スキルじゃないでしょうか。南流の介護という感じがします。スタッフもそれぞれのパーソナリティに合った手法があるようですね。沖田さんはなにかやってみたいことはありますか？

沖田　子どもが住んでもいいのかな、とか……。

釈　「崖の上のポニョ」的なね（笑）。

日高　それ、スタッフの酒井くんもずっと提案しています。

釈　すぐそばに保育所があるので、なにかコラボできるかどうか。これからの課題にしていきましょう。高齢者と幼児を結びつけるのは、これからの日本社会のテーマでもあります。

「むつみ庵」に行く

細川貂々

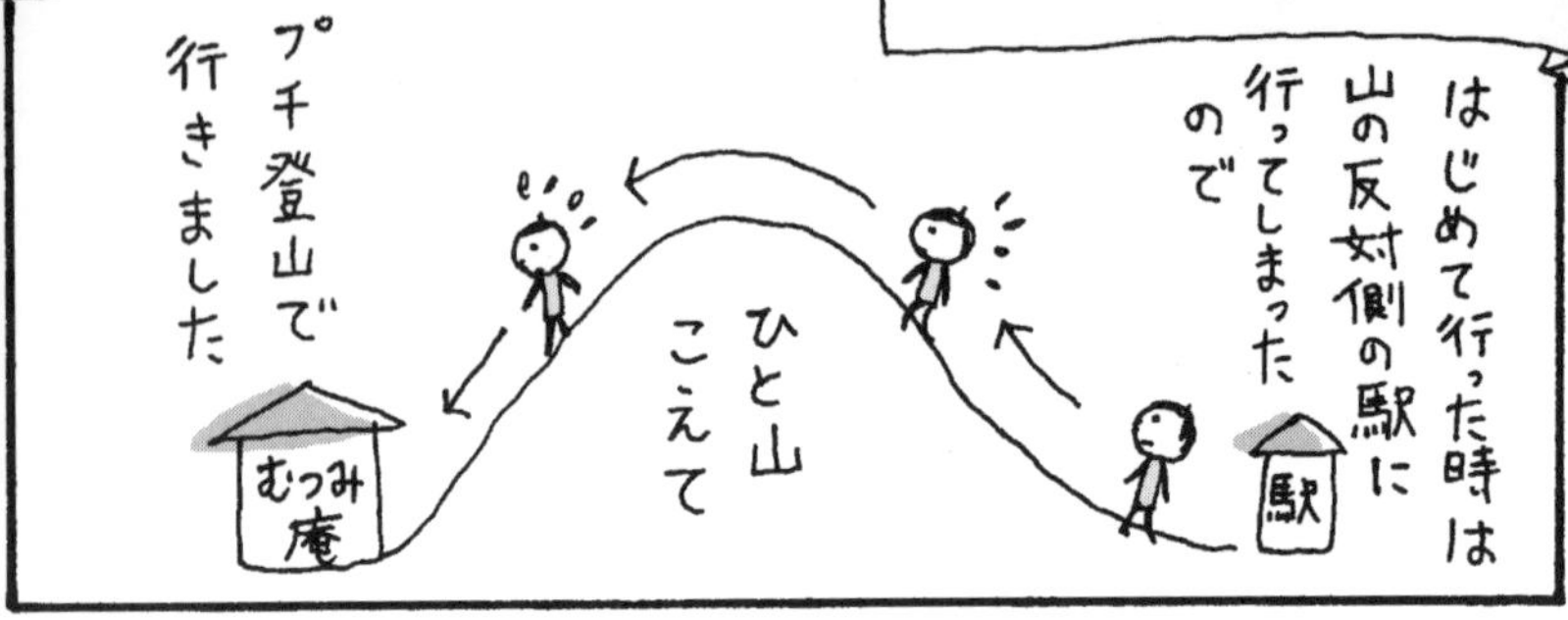

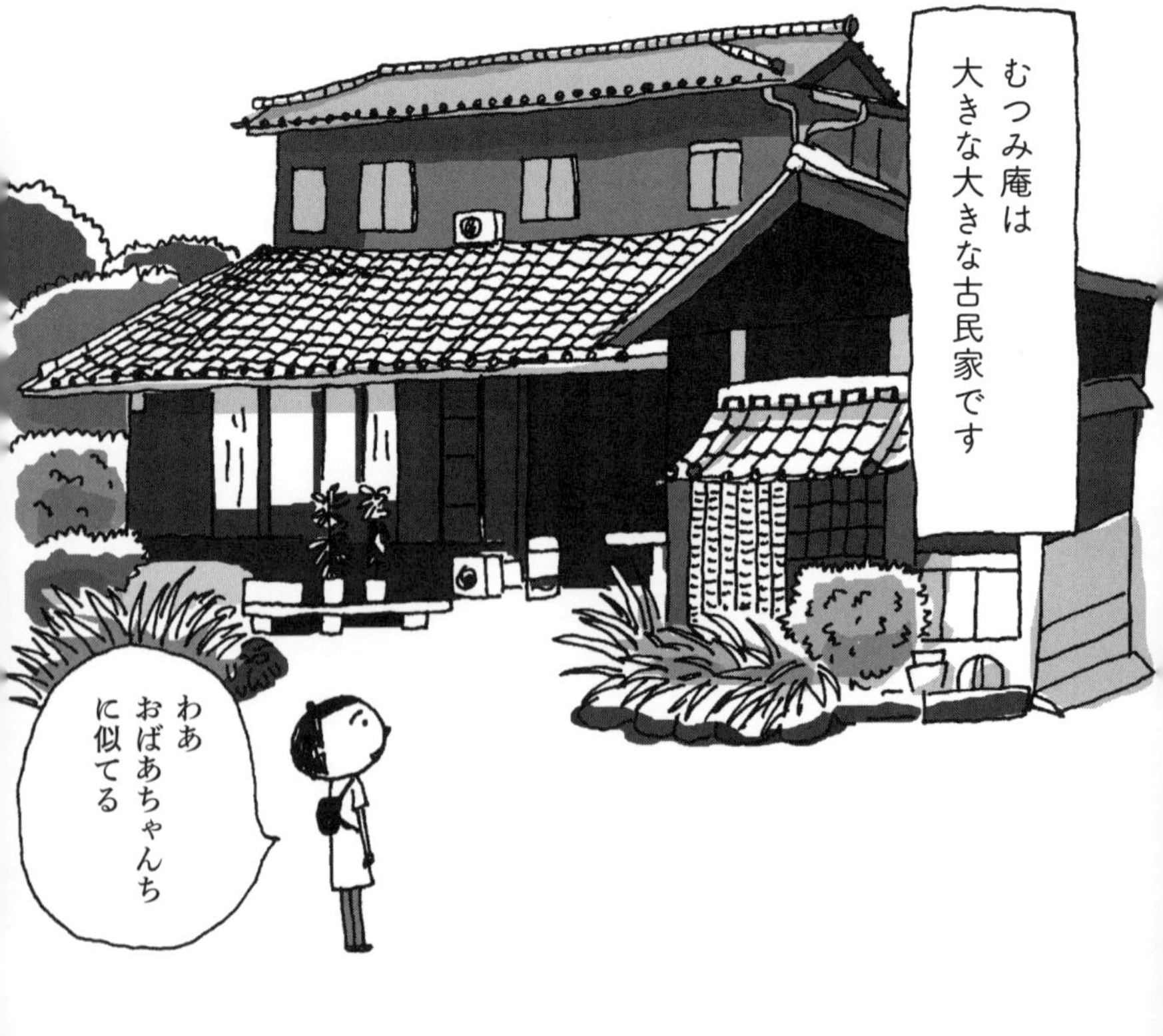

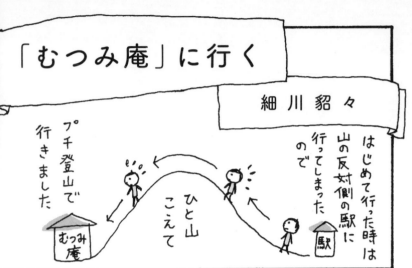

広ーいお庭があって
納屋
庭の感じもおばあちゃんちみたい
あっ畑がある
畑
庭の畑にはミニトマトがなってました
この畑は先日イノシシに荒らされて大変だったんです
ムフー
ムフー
また植え直したんですよ
釈先生
そういえば山に看板が立ってました
イノシシに注意

広ーい玄関
昔は全部土間だったのを改装したんです
この家の持ち主だった人が怒りっぽかったそうで自分のいましめに「堪忍」という字を置いたそうです

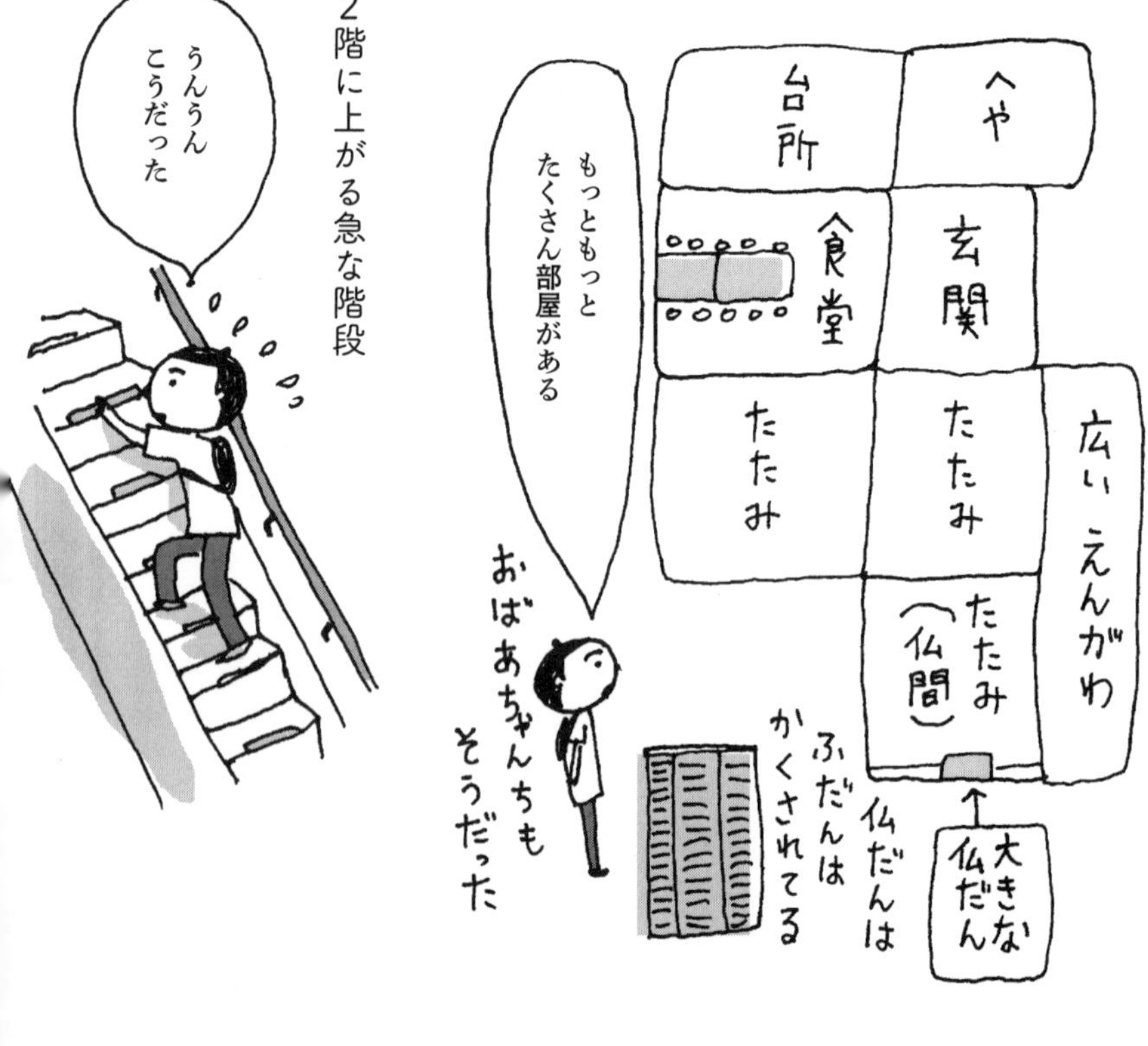
へや
台所
玄関
食堂
広いえんがわ
たたみ
たたみ
たたみ（仏間）
大きな仏だん
仏だんはふだんはかくされてる
もっともっとたくさん部屋がある
おばあちゃんちもそうだった
2階に上がる急な階段
うんうんこうだった

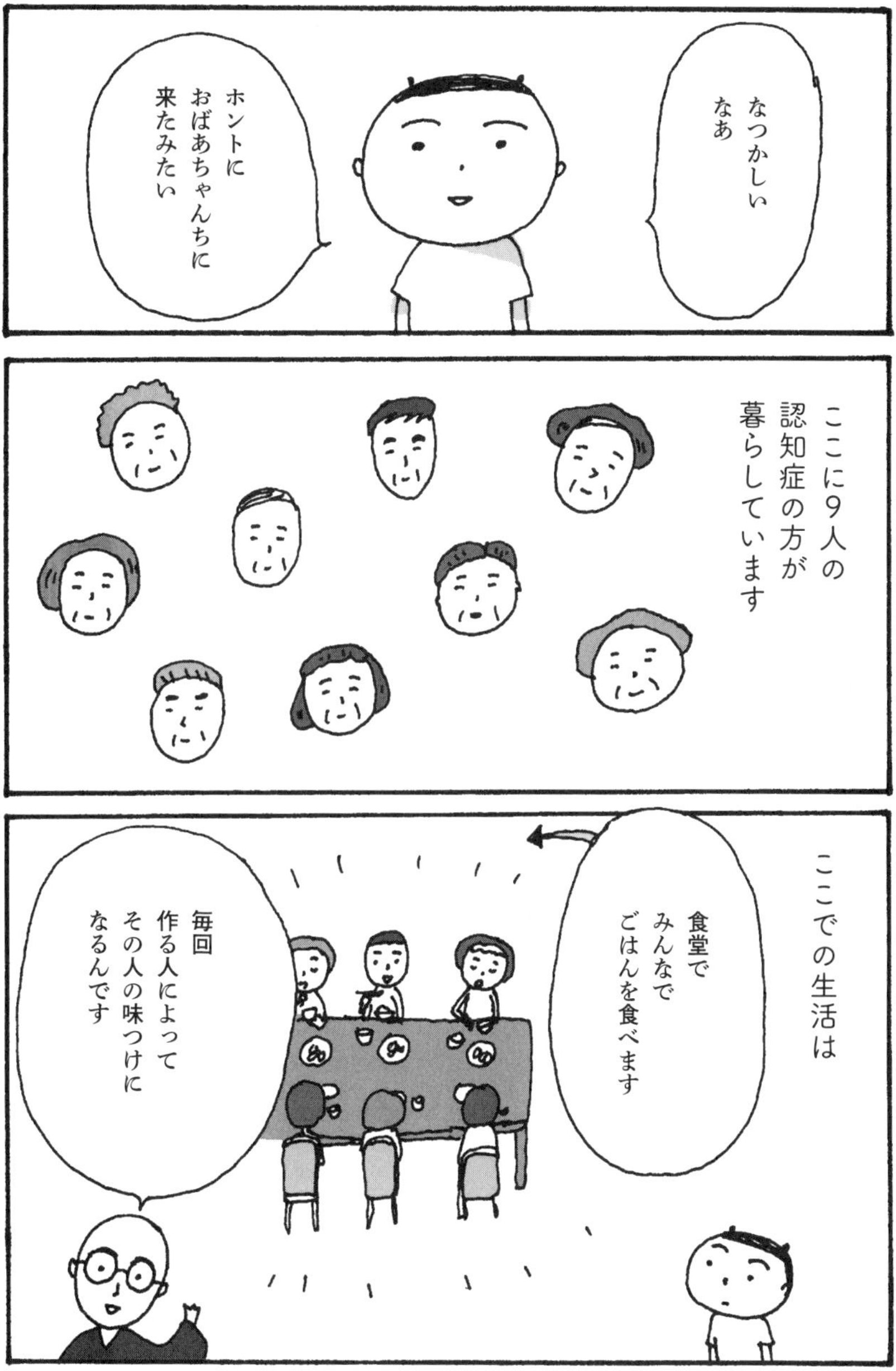
なつかしいなあ
ホントにおばあちゃんちに来たみたい
ここに9人の認知症の方が暮らしています
ここでの生活は
食堂でみんなでごはんを食べます
毎回作る人によってその人の味つけになるんです

みんなでお散歩して
むつみ庵は山にあるのでまわりは坂ばかり
なので近所の人が散歩コースに休憩所を作ってくれたんです
夏はすぐ暑くなるから散歩の時間を早くして
ゆっくりのんびり歩くように心がけています

午後は
テレビを見たり
すごろく大会を
したり
はい2コ
進んで
足ぶみ
10回する
いちにい
さん
しい
洗濯物を
たたんだり

まわりは
シャワ
シャワ
シャワ
シャワ
セミの音しか
聞こえません
おじいちゃん
おばあちゃんがいて
太い木の柱が
あって
木のにおいが
して
つい
小学生に
戻ってしまいます

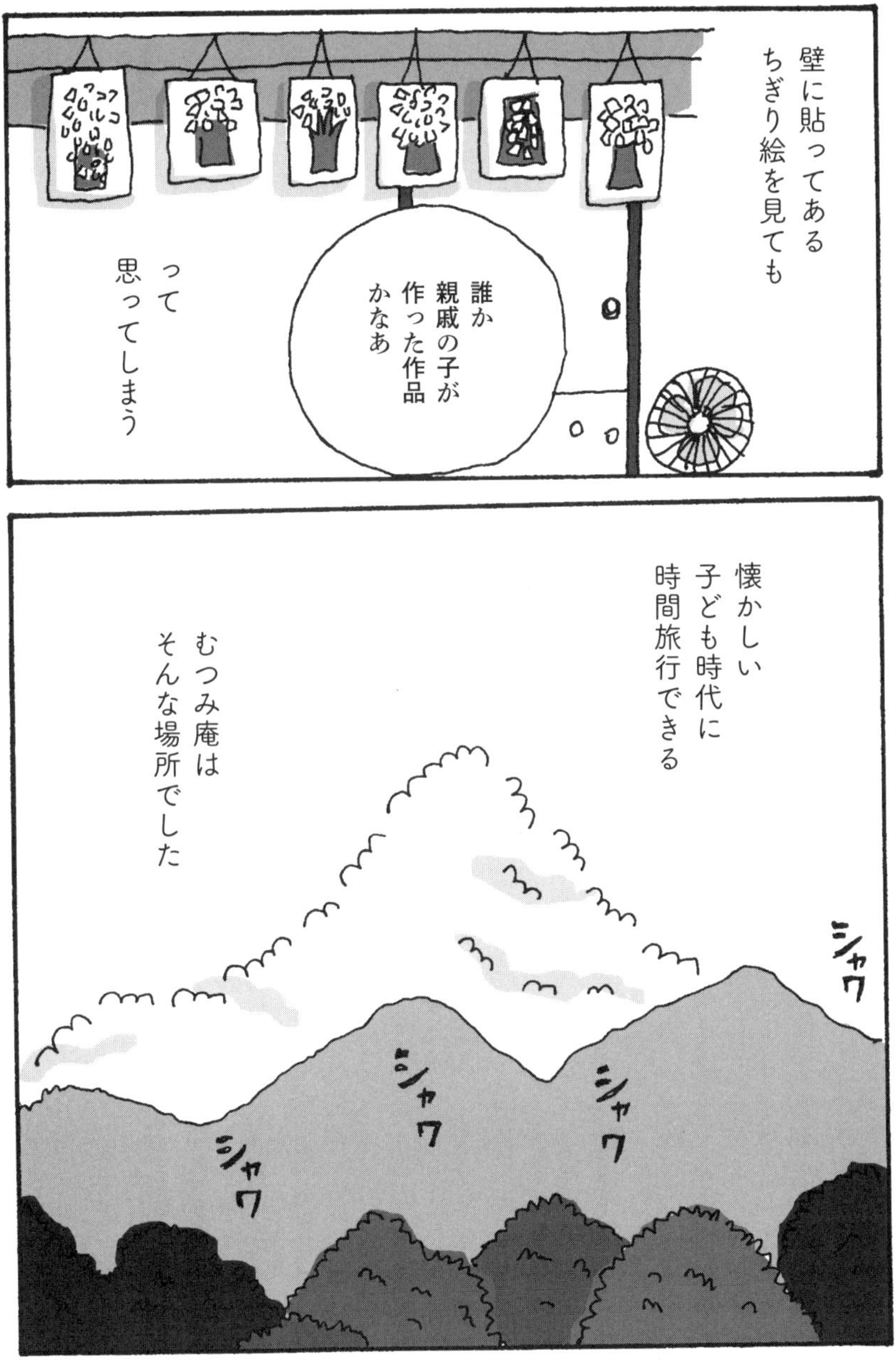
壁に貼ってある
ちぎり絵を見ても
誰か
親戚の子が
作った作品
かなあ
って
思ってしまう
懐かしい
子ども時代に
時間旅行できる
むつみ庵は
そんな場所でした
シャワ
シャワ
シャワ
シャワ

第五章　認知症高齢者に学ぶ

自分を（　）《カッコ》に入れる

むつみ庵の運営に関わるまで、認知症の人と接した経験はほとんどなかった。

介護研修や運営者研修を通じて、初めて認知症高齢者の横に座ることとなったのである。最初はどのようにコミュニケーションしていいのかさっぱりわからず、いやそもそもコミュニケーションは可能なのか、などという思いであった。腰が引けていた。とにかく優しく接すればよいのだろうといろいろやってみたが、なかなかうまくいかない。十分もすればしんどくなってしまう。

あるとき、〝自分というもの〟をキープしたままで相手に寄り添おうとするからしんどいのではないかと気づいた。そこで、〝自分というもの〟を（　）《カッコ》に入れるイメージでやってみたら、けっこう楽になった。

〝自分〟という枠をがっちりと持ったまま他者に寄り添うのは、どうもうまくいかないらしい。そこで、（自分）をイメージして、相手の語りに身をゆだねるようにする。するとあまりしんどくない。周囲を観察してみると、認知症者とのコミュニケーションがうまい人の多くはそうしていることがわかった。昔、お寺の本堂で「オレがオレがの『が』を捨てて、おかげおかげの『げ』で生きる」と、節談説教*で聞いたのを思い出した。我を捨てるのは並大抵ではないが、一時的に（　）へ入れるのはできる気がした。

認知症の人はよくセルフ・ストーリーを語る。もしかすると、これまで自分が歩んできた道を知る人がいない状況が、このような饒舌《じょうぜつ》を生み出すのかもしれない。そして、そこにはしばしば本人の空想や妄想が含まれる。

以前、むつみ庵に「私は元・女優です」と語る人がいた。家族の話ではそんな事実はないとのことだった。しかし、スタッフにとってはその場において本人の語るストーリーこそが真実である。自分を（　）に入れて、相手を女優としておつき合いする。そのほうがこちらも楽しい。気楽である。

こういうことにかけては、むつみ庵のスタッフはうまい。

介護理論をよく知らなくても、大阪のおばちゃん的に話をのせていくのが達者である。あるおばあちゃんがスタッフのことを娘と思い込み、「今日は学校どうやった？」と聞く。するとスタッフは、「お母さん、今日はこんなことがあったよ」と、自然に語りへと寄り添う。

認知症の人は新しい情報に弱いので、見知らぬ見学者が数名やってきただけで、かなり緊張するようだ。私などはなかなか察知できず、むしろお客さんが来て喜んでいるようにしか見えないのだが、介護スタッフはそれが一瞬でわかるらしい。これは日常生活全般に関わる介護をしているからこそだと思う。認知症の人がトコトコと家の中を歩いていると、スタッフは「座りたい？」とイスをさし出す。そうしたら、すとんと座る。こういう場面を何度も見る。私にはさっぱりわからないが、スタッフは座りたがっているのがわかるらしい。「地域コミュニティ中心に運営しているので、スタッフの顔ぶれがあまり変わらない利点」はこんなところにもある。家が落ち着いている状態を保持できるのは、同じ顔ぶれで運営されている面が大きいのである。

認知症は怖くない

ところで、認知症の人と関わっていると、ときどき仏教の教えを実感することがある。前述の〝よい家ゾーン〟を行ったり来たりするのも、仏教から学んだことである。〝自分というもの〟を（　）に入れるのも、仏教の知見を活用したのだ。けっして仏教を伝道するためにこの活動を続けているわけではないが、自分自身はあらためて仏法を受け取り直す契機となっている。

そういえば、「ああ、これも『愚痴《ぐち》』ということか」とリアルに感じたことがあった。仏教の教えに「三毒」がある。

人間の苦悩を生み出すビッグ3で、「貪欲《とんよく》」「瞋恚《しんい》」「愚痴」を指す。

貪欲とは、満足できない状態を指す。過剰な欲望、むさぼりや執着のことである。

瞋恚とは怒りや憎しみのことで、しばしば火にたとえられる。仏教では、怒りは必ず苦しみを生み出すと考える。我々は、心が穏やかなときは適切に判断できる事柄でも、イライラしていたり、腹を立てていたりするときはうまく適応できない。結果として苦悩が生まれる。

愚痴は煩悩の中で最も根本的なものだとされており、ものごとの真相がわからないことを指す。逆に、ものごとの本当の姿をきちんと見通すことを如実知見《にょじっちけん》と言う。

愚痴とは本来、如実知見ができない状況を指すのであるが、この教えをもう少し日常レベルで活用してみると「ものごとの本質がしっかりとわかっていないから苦しむ」と受けとめることができそうである。

たとえば、私は認知症というのは、とても怖いものだと思っていた。子どもの頃に、映画「恍惚《こうこつ》の人」を観たのが影響しているのかもしれない。もちろん当時は認知症などといった用語はない。痴呆《ちほう》という言葉もなかったように思う。確か老人ボケと呼んでいた。

すでに高齢者の施設はあったが、認知症の人の施設はなかった。ボケたら精神病の専門病院に入院させられる、そんな話を耳にした。また、友人の家にかなり認知症が進んだおばあちゃんがいて、奥座敷に閉じ込められている様子も記憶している。

そんなわけで、認知症は「あれだけにはなりたくない」という類のものであった。ところが、むつみ庵の運営に関わって数年、あるとき、ふと「あれ？ オレ、認知症が怖くなくなっている……」と気づき、自分でも驚いた。いつの間にか、それほどの怖さがなくなっている。認知症にならないですむならそれにこしたことはないが、もし認知症になったとしてもそれはそれでいけそうな気分である。認知症者としての人生を歩み続けることができそうな気がする。そう自覚したとき、はたと膝をうち「これも、愚痴ということだったか」と実感したのである。

知人の能楽師・安田登先生は「認知症者が見ている世界って、どんなのだろう。すごく興味がある。ああ、認知症になるのが楽しみだなあ」などと言う。実にユニークな人だ。私はまだ、安田先生ほどの大らかさはない。できれば認知症になりたくない。しかし、むつみ庵のおかげで、認知症者の暮らしを目の当たりにすることができた。認知症者とはどのようなものか、認知症とはどのようなものか、わかってくるにつれて怖さが低減していったのである。

老後の不安がある人は、高齢者の施設でボランティア活動などをするといいのではないか。自分を（　）に入れたり、老いについての知見が身についたりするのだから。

＊　節談説教——節をつけて語る説法の技法のひとつ。浄土真宗特有の説教形態である。

親鸞が説く愚者の道

認知症の人と接するときに、「人前で恥をかかせないこと」は重要なポイントである。このことは研修会などでもしばしば強調される。認知症の人に対して、つい子ども扱いしてしまったり、きつく叱ったりしてしまいがちなのだ。しかし、認知症が進んでいても、人前でみっともない姿をさらしてしまうと、やはり後で周辺症状が起こったりしてしまう。ときには急に頑なになったり、怒りっぽくなったりする。自分の子どもさえ認識できないほど認知能力が低下していても、そんなことが起こる。

我々はどこまでいっても〝自分というもの〟にすがりながら生きていくのである。認識主体である〝自分というもの〟はかなりしぶとい。そうか、これが人間の実相なのか、と痛感する。

そのとき、ああ親鸞にはこれが見えていたのだろうな、と気づく。中世の時代にあって、九十年生き抜いた親鸞。八十五歳のときに書いた手紙には、「眼も見えず候。なにごともみな忘れて候」とある。

自身の老いの姿を素朴に描写している。

親鸞は、九十歳まで生きて、一度も悟ったと言わなかった僧侶である。それは親鸞がしっかりと仏道を歩まなかったからではない。親鸞には「浄土往生は間違いない」と体得する宗教経験があった。それは悟りの体験と同質のものである。しかし、親鸞は悟ったとは言わなかった、言えなかった。

親鸞は「この身があるかぎり、なにをしでかすかわからない」といった視座を保ち続けたからである。状況によっては人殺しでもしてしまうかもしれない、それが我々の実相である。

どこまでいっても自分の都合がわき上がってくるからだ。それを抱えながら苦難の生涯を生き抜くのが我々の人生なのである。それはまるで底に穴が開いた船に乗っているような事態である。いくら水を汲み出しても、こんこんと自分の都合という水がわき上がってくる。だからといって汲み出すことを止めるわけにもいかない。そんな緊張状態。それが我々である。親鸞はそこを一切ごまかさなかった。自分の抱える影と向き合い続けた。光と影、救いと苦悩の緊張状態がずっと持続した人物である。

認知症の方が、かなり機能しなくなった〝自分というもの〟を抱え続けて、見事に生き抜いていく姿を目の当たりにすると、親鸞思想の中心部を垣間見る思いがするのである。

仏教は離貪《りとん》を説く宗教である。何かに執着することが苦悩の根源であると考える。自分の都合が膨らめば膨らむほど、苦悩も大きくなる。逆に、自分の都合が小さくなれば、苦悩も小さくなる。究極的には自分の都合を滅してしまえば、苦悩もなくなる。悟りである。ゆえに仏道の基本は、苦悩の根源を如実に知見し、心と身体のトレーニングによって自分の都合を調《ととの》えることにある。

このように仏教は、生と死を超える達人の道を説く。釈尊の説く教えは、達人型宗教といった観がある。

一方、親鸞が歩んだ仏道は、次から次へとわき上がってくる自分の都合を抱えたまま、仏にわが身をおまかせしていく道であった。

凡人の道、愚者の道といった様相である。

もちろん、これも簡単ではない。真にわが身をそのまま仏へとゆだねることはなかなかできない。親鸞も「難信」と表現している。しかし、自分の都合を抱えながら生きる者を、無条件に救う仏の教えがあるからこそ、我々のような愚者も苦難の人生を生き抜き、そして死にきっていくことができる。どこかで無条件に受容される世界がなければ、凡人にとっての人生はあまりに過酷である。

むつみ庵の活動を通して、親鸞の教えを再確認するうちに、〝おまかせ上手〟や〝お世話され上手〟といったことを考えるようになった。

我々はやがてこの身を他者にゆだねねばならない。やがてわが身を自分で扱いかねる日がやってくる。みうらじゅんさんとリリー・フランキーさんの本に『どうやらオレたち、いずれ死ぬっつーじゃないですか』というタイトルがあった。未読なのだが、タイトルが秀逸である。どうやら我々はいずれ老いるらしい、どうやら我々はいずれ病気になるらしい、どうすりゃいいのか。この点について次項で考察したい。

もちろん、今だって、思い通りにならない日常を生きている。それをなんとかごまかしたり帳尻を合わしたりしながら暮らしている。けれども、リアルにいかんともしがたい日がやってくるのである。

自立とは、依存するものがたくさんある状態

身体もイメージ通り動かない、自分の記憶や思考さえもままならない。認知症の人はそんな日々を生きている。

我々も、これまでは思い通りにならない事態を、避けたり逃げたりごまかしたりしながら生きてきたが、いずれもう逃げようもないごまかしようもない状況におかれることとなる。思い通りにならない心身を抱え、そのままおまかせする覚悟が必要である。そのような態度を育てていくこと、それが現代人のテーマではないか。なぜなら、現代人は〝おまかせ〟〝他者のお世話になる〟がとても苦手になっているからである。このことは多くの高齢者と関わっているうちに気がついた。ある年代から下は急に苦手になっている。そして、お世話され下手は男性に多い。

かつては他者に迷惑をかけたりかけられたりしながら暮らす社会であった。地域共同体が生活の基盤であった時期だ。こういう生活はいろいろと煩《わずら》わしいことが多い。ヘタすると地域共同体から排除されてしまうので、ご近所への気遣いも必要であり、コミュニケーションも欠かせない。しかし、迷惑をかけたりかけられたりするスキルは成熟する。上手に迷惑をかけることができるようになる。

一方、都市生活ではそのような煩わしさから解放される。都市は「迷惑をかけないかぎり、干渉されない」がルールなのである。現代社会は迷惑をかけたりかけられたりしなくても暮らせる社会を目指してきたとも言える。同時に、現代人は迷惑をかけたりかけられたりするのがとても苦手になった。もちろん他者に迷惑をかけないという態度は美徳である。しかし、やがて迷惑をかけなければいけない日がやってくることも覚悟しなければならない。他者に迷惑をかけないという美徳は、見方を変えれば現代人の傲慢と消費者体質の表れでもある。

東京大学先端科学技術研究センターに熊谷晋一郎《くまがやしんいちろう》さんという医師がいる。新生児仮死の後遺症で、脳性麻痺となった。普段は電動の車イスを駆使して生活している。熊谷さんは、「自立とは、依存先を増やすことだ」と語っている。

我々はつい「自立とは依存せずに暮らすことだ」と考えがちである。しかし、よく自分のあり様を観察してみると、むしろ依存先が増えてくるにつれて自立を実感することとなったはずである。親や家族以外にも依存先が確保できてこそ、自立の道が開けていく。熊谷さんは依存するものが多様であることを自立状態ととらえ、障がい者の自立の概念を再構築しようとしている。

このことを痛感したのは、東日本大震災時の経験だったらしい。五階にある大学の研究室で被災した。地震でエレベーターは止まってしまう。すると、熊谷さんはまったくなすすべがないことに気がつく。彼は階段を使うことも、非常時の脱出口を使うこともできない。彼にはエレベーター以外の手段はなかったのである。

あらためてエレベーターだけに依存して暮らしていたことを突きつけられたと言うのだ。健常な者であれば、他の避難手段を選択できる。しかし、熊谷さんにはひとつの手段しかない。そうか、障がい者とは依存先が限定された者でもあるのか、と思い至る。そこで、依存先という文脈で健常者や障がい者を読み直すことに着手しているらしい。

この熊谷さんが以前、「私は生まれたときから身体が不随意である。だから他者に迷惑をかけなければ生きていけない。どのようにうまく迷惑をかけるかは、私の生きるスキルである」と語っていた。この言葉を聞いて、「人に迷惑をかけない」という美徳は、ひと皮むけば現代人の傲慢でもあると考えるようになった。

〝人に迷惑をかけない〟という態度を硬化させていけば、結局〝サービスを購入する〟に至る。

「お世話」を購入すればよい、それは迷惑をかけているのではない。つまり消費活動である。

現代人はすっかり消費者体質となってしまっている。支払った代価と等価のサービスを受けるのが当然。もし等価だと実感できなければ、クレームをつける。それが賢い消費者である。そのためには老後に備えて貯蓄しなければならない。これも消費者体質である。

しかし、これから本格的に始まる成熟社会において、どうもこの消費者体質のままでは具合が悪そうである。

コミュニティに重所属する

東日本大震災における地域復興で、「まずお祭を再開しよう」という活動があった。これは適切な知見であると思う。祭礼中心型の神道はコミュニティの紐帯《ちゅうたい》機能を果たすからだ。

だから、地域コミュニティを盛り上げるために、祭礼に注目する動きは少なくない。哲学者のヨアヒム・リッターによれば、コミュニティが空洞化したときにこそ共同体主義が出現し、伝統が失われたときにこそ伝統主義が出てくるらしい。つまり「埋め合わせ」なのである。かつてあれほど煩わしく感じた地縁・血縁を、再構築しようとする動きが出てきているとするならば、それほどコミュニティがダメになっている証左なのである。

かつて、高度成長期において、地縁コミュニティの機能を代替したのは企業や会社であった。地縁・血縁ではなく職縁というわけだ。会社が村の役割を果たしていた。年功序列や終身雇用、そして終業後の飲み会などはまさに村の理屈である。だから多くの会社が神社や神棚を祀ったのである。神社は村論理のシンボルだ。敗戦後、日本が短期間に経済成長した要因のひとつは、村の理屈で動いていたからだと考えられる。しかし、もはやこの手の職縁も解体され続けている。会社は株主のものだなどと言われ、会社存続のためにリストラもやむなし、企業が切り売りされる社会となった。

そういえば、以前、ある外国人弁論大会でこんな弁論を聞いた。中国の女性留学生が「かつて日本の会社は本当に素晴らしいコミュニティだった。でも今、日本社会はこれをどぶに捨てようとしている。このやり方、要らないなら中国にください」と演説していた。中国にくださいというのはアイロニーであって、つまりは「どうしてあんなによいシステムを捨てちゃうの?」と語りかけたのである。

村型の会社が消えていったときこそ、あらためて「仕事」についてじっくり考える人たちが出てきた。『ナリワイをつくる』(東京書籍)を書いた伊藤洋志《ひろし》さんもそのひとりだ。伊藤さんは京都大学を卒業して勤めた企業で日夜働くうちに、「仕事は自分の時間と健康を切り売りして、マネーと交換するもの」と実感する。グローバル社会という戦場で、全世界を相手にした殴り合いの競争ができる人間は限られている、自分はその文脈にはのれないと考えたのである。企業を辞した伊藤さんは、自分の消費態度を再構築した上で、仕事と生活とが乖離しない道を模索することとなる。勝った者が総取りするようなバトルフィールドは戦闘タイプの人にまかせて、自分はあっちこっちに首を突っ込みながらいくつものナリワイを発掘して暮らしていく微生物タイプの道を選ぶのである。

伊藤さんのような方向性を指向する人は、私の周囲にもけっこういる。すぐに何人かの顔が浮かぶほどである。こういった人が出現してくるのは、我々の社会が本格的な成熟期へと移行したためであろう。

地縁・血縁・職縁といったコミュニティが都市部を中心として崩れている今だから、コミュニティは立ち上がるのである。しかもこれまでのコミュニティの排他的・差別的・閉鎖的な具合悪さを是正したものが立ち上がる。そのようなコミュニティにいくつも関わる（重所属する）ことが、成熟社会における態度として重要ではないか。すでに考察したように、単身世帯は増加する一方なのだ。いろんなところにコミットする心と身体とが必要となっている。

成熟社会のコミュニティは、公正さ（フェアネス）と分かち合い（シェアリング）が大切である。

そしてそこに「宗教性」があるとさらによい。

だからお寺参りのグループなどは、超おすすめである。お寺じゃなくても、お寺的な場所は意外と街のあちこちにある。少しアンテナ感度を鋭敏にすれば、感知できるはずだ。もし身近になければ、自分で立ち上げればいいのである。

第二章で取り上げた練心庵も、そういう場になりつつある。

それまで縁もゆかりもなかった人が練心庵に集まって、小さなグループがいくつかできているのだ。自主勉強会を開いたり、忘年会をしたり、他の集まりに連れ立ったりしている。おそらく、ときに深く関わり、ときには離れていくような関係であろう。前述の「縁起の実践」「空の実践」的な雰囲気を感じる。

我々はいつも「自分というもの」を守るためにバリアを張っている。バリアを張りながら暮らしている。

しかし、そのバリアを下ろす時間・場所があるかどうかが、分岐点である。特に年配の男性は強いバリアを張りがちである。明治安田生命の調査で「二週間の間に、二人以上の人としゃべらない、という六十五歳以上の男性が四パーセントいる」との結果が出たそうである。これに対して、女性は二パーセント以下らしい。わかる気がする。だって、お世話され上手は、やはり女性に多いもの。

いろんなコミュニティに首を突っ込むためには、自分をいったん（　）《カッコ》に入れて、その場にチューニングしていかねばならない。そして、うまくチューニングできたことを喜びと感じる身心を養っていくのである。

第六章　あぶら揚げと仏教

北陸の幸福ぶり

「はじめに」で述べたように、ここ数年、月刊誌『Ｆｏｌｅ』で対談のホスト役を務めている。毎月ひとり、ゲストを迎えてお話を聞くのである。その雑誌の元・編集長である室谷明津子さん（現・フリー編集者）が富山県出身であった。彼女は東京で出身地を明かすと「富山って東北だっけ」と言われたことが何度もあったそうだ。

なるほど、今でこそ北陸新幹線の開通で注目を集めているが、それ以前の北陸の印象は地味なものだったかもしれない。ことに太平洋側の都市部から見れば、アクセスも悪く、なじみも薄かったのであろう。そんな地域だから、二〇一一年に法政大学大学院の坂本光司さんたちが行った「47都道府県幸福度ランキング」で、上位を北陸三県が占めたときには驚きの声があがった。しかし件《くだん》の元・編集長は「さもありなん」と納得していたのであった。なぜ元・編集長の室谷さんが「むふふ、当然である」と受けとめたのかについてはこれから述べていくとして、まずは彼女に教えてもらった北陸三県のデータを列挙してみよう。

- 「幸福度」第一位福井、第二位富山、第三位石川

（「47都道府県幸福度ランキング」二〇一一年、法政大学大学院政策創造研究科幸福度指数研究会）

- 「信仰心がある人」第一位福井、第三位富山
（「全国県民意識調査」一九九六年、NHK）
- 「人口1千人あたりの生活保護率の低さ」第一位富山、第二位福井、第五位石川
（「福祉行政報告例」二〇一一年、総務省統計局）
- 「夫婦共働き率」第一位福井、第三位石川、第五位富山
（「就業構造基本調査」二〇一二年、総務省統計局）
- 「持ち家率」第一位富山、第四位福井
（「国勢調査」二〇一〇年、総務省統計局）
- 「人口に占めるお坊さんの割合」第一位福井、第二位石川、第九位富山
（『宗教年鑑』二〇一一年、文化庁）

いかがであろう。少し古いデータもまじっているが、細かいことは気にしないでもらいたい。そもそもこれから展開する話自体、かなり大風呂敷となるのだから。

他にも、北陸三県いずれも平均世帯人員数を上回る（家族が多い）、グローバルニッチトップ企業が多い、県内総生産において伝統工芸品の占める割合が高い、などを挙げることができる。

経済学者・坂本光司さんたちの調査でも、「安全・安心部門」が十二指標（刑法犯認知数、労働災害率、老人福祉費、悩みストレス比率、相談できない人比率など）、「生活・家族部門」が九指標（出生率、未婚率、保育所定員比率など）、「労働・企業部門」が十指標（離職率、労働時間、正社員比率、就業希望者比率、完全失業率、障がい者雇用比率、赤字企業比率、平均工賃月額など）、「医療・健康部門」が九指標（趣味娯楽時間、医療費、医師数、自殺死亡者数など）と、四十の指標での計算がなされている。その結果、北陸三県が一位から三位を占めたのである。

「おかげさま」は原恩的感性の表出

実は二十年ほど前から北陸の幸福度に注目していた研究者がいる。社会心理学者で浄土真宗の僧侶でもある金児曉嗣《さとる》先生である。金児先生は一九九三年、福井新聞社からの依頼で「信仰と生活満足度の関係」を調査・検証している。この際、金児先生は自説である「向宗教性」「加護観念」「霊魂観念」の三つの宗教的態度を使って考察した。

金児先生は以前から、「宗教に対して肯定的かどうか（向宗教性）」と「年中行事など軽い宗教との結びつきに親しみを感じる（加護観念）」と「霊的存在を信じ、死者や人知を超える存在への畏怖をもつ（霊魂観念）」から日本人の宗教的態度を考察してきたのである。このうち、加護観念は「おかげさま意識」を生み出し、霊魂観念は「たたり意識」へとつながると考え、日本人の宗教意識を〝おかげとたたりのメンタリティ〟で分析するという研究結果を発表している。

この指標を使った調査の結果、福井県民は加護観念が非常に高いことがわかる。つまり「おかげさま意識」が強いのである。

「おかげ」というのはなんとも茫漠《ぼうばく》とした日本語である。

そもそも主語がない。日本語において主語が省略されることはめずらしくないが、「おかげ」や「おかげさま」はほとんどの場合主語なしで使われる。「どうですか？」「はい、おかげさまで」といった調子である。「それは何のおかげなのですか？」と尋ねる人はいない。

でも、あらためて「いったい何のおかげなのか」と問われれば、神仏のおかげ、先祖のおかげ、親兄弟のおかげ、家族のおかげ、周囲の人たちのおかげ、といったところになるのであろう。「おかげさまで」という発言は、「私の力ではなく、さまざまな人・物のおかげでなんとかやっております。そしてそれに私は感謝しております」的な意味合いを含んでいるのである。

かつてルース・ベネディクトはキリスト教国を「罪の文化」と特徴づけた。ここにはキリスト教独特の「原罪」という理念がある。原罪とは、もともと神と人間との関係の破綻である。最初の人類・アダムとエバは、神との関係を破綻させた。そこから人類は罪を背負うことになった。キリスト教文化圏の人間観や倫理観のベースには、このような罪の問題が根を張っているというのである。

ベネディクトは「アメリカに移住した初期のピューリタンたちは、一切の道徳を罪悪感の基礎の上に置こうと努力した。そして現代のアメリカ人の良心がいかに罪の意識に悩んでいるかということは、すべての精神病医の承知しているところである」(『菊と刀』講談社学術文庫)と述べている。

これに対して日本人は徳の根本に恥が措定《そてい》されており、恥こそ日本人の生活において最高の地位を占めていると考えたのである。恥を最高位に位置づけると、それぞれが自己の行動に対する世評に気をくばることとなる。これが日本人の原動力だと言う。ゆえに、「恥を基調とする文化と、罪を基調とする文化とを区別する」と語る。もちろんこの立論には批判も多い。

注目すべき点は、ベネディクトが日本を「恥の文化」と名づけつつ、同時に「恩」の仕組みを詳しく読み解いているところにある。彼女は日本人の恩の意識を二タイプに分類しており、ひとつはけっしてお返しすることのできない恩、もうひとつは自分が受けた分量に等しいものを返せばよいといった類の恩だと言う。とにかくベネディクトは日本人の「報恩行為」（恩に報いようとする行為）がかなり特殊であることを力説しているのである。

社会学者の見田宗介さんは、日本の宗教ベースには、罪ではなくて恩があり、「原罪」ではなく「原恩」だと言う。

「〈原罪〉の意識に代わるべき地位を占めるのは、いわば〈原恩〉の意識であろう。（中略）〈原恩〉意識は、（「死者との対話」ということと共に）日本人の宗教意識のもう一つの源泉であるといえよう」（『現代日本の精神構造』弘文堂）

見田さんが言うところの原恩意識とは、日常をいとおしみ、さりげないことを喜び、なんでもないものに価値を見出す態度であり、特定の対象を意識しているわけでもないのに「いただきます」「ごちそうさま」と恩を感じるメンタリティのことである。見田さんによれば、日本人の恩の意識はベネディクトが言うような「無限の債務」といった抑圧的なものではなく、むしろ生きていることの喜びの発露だと言う。この「日本人の宗教性のベースには、死者との対話と原恩がある」という指摘は、本章の〝あぶら揚げと仏教〟という風変わりなテーマにとってはマコトに心強い。

さて、金児先生の調査によって、福井県民は「加護観念」が強いとわかった。さらにこの際、ものごとを楽観的・肯定的にとらえる「正感情」と、悲観的・否定的にとらえる「負感情」のバランスについても調査している。比較対象は福井県の大学生と大阪府の大学生である。大阪府の大学生は喜怒哀楽が激しく負感情に偏りがちだが、福井県の学生は感情のバランスがとれており、安定しているとの結果であった。

この点を金児先生は「おかげの意識が強いほど人生の満足度が高くなるという相関関係がある」と分析している。苦難に遭ったり、ものごとが自分の思い通りに進まなかったりしたときに、福井の学生は「なぜ自分だけがこんな目に遭わなくてはいけないのか」とはならずに、これも「おかげ」でなんとかなると考えるような気質があるというのである。

これは福井県にかぎらず、しばしば地域コミュニティが強い田舎では起こりやすい現象だと思われる。地縁や血縁や職縁で結ばれているような地域では、お互いにある程度折り合って暮らしていかねばならない。だからあまりモノゴトをつきつめないような気質傾向があるように思う。

一方、都市では、自分の不満を言語化して表現していかねばならない。不満や不具合を自己表明しないと、その人はそれを是としているという扱いになる。地縁や血縁で結ばれているわけではない人たち同士が暮らしているので、互いに自己表明しなければならないのである。換言すれば、都市では、自己表現しないと、端っこに追いやられてしまうのだ。ついでに言うと、消費者も同様である。不満や不具合を見つけてクレームを言うのが賢い消費者のモデルだ。

そういう意味では、消費活動は都市でこそ成熟する。さまざまな制度の不具合を見つけて、よりよいものへと変えていく態度が発達するからである。なんでも「おかげさま」と言って田舎で暮らしていると、不具合が不具合のまま是正されないという面もある。そして今、田舎においても、マインドは都市化している。日本人は消費者としては成熟したのである。

しかし、一方ではその消費者体質の不具合も露出し始めている。すでに近代成長期のモデルではうまくいかない事態はあちこちに生じている。

もちろん、単純に「かつての素朴な生活に戻れ」という話をしているのでない。ものごとは螺旋《らせん》状に深まっていくのだ。横から見れば円運動のような回帰に見えるかもしれないが、上から見ると螺旋状に奥行が生まれているような感じ。ヘーゲルが言うように、ときに逆方向へと引っ張る力が必要なタイミングがある。

我々が成熟させた都市的消費者体質の感性で、北陸が微かに残している原恩的感性をもう一度考える。その時期なのだろうと思う。

本来、幸福にはいくつもの次元がある。しかし近代成長期の日本は、さまざまな次元をそぎ落として、尺度を「豊かな消費活動」に絞ってきた。この尺度から測定すれば、大きな成果をあげてきたと言える。しかし、同時にいくつもの幸福の次元を失った。すでに我々は、この方向性では不幸を増大する可能性のほうが高いことに気づいている。* もう「豊かな消費活動」＝幸福という文脈には乗れない。

このことを二〇一一年の幸福度調査の結果が示唆しているように思う。

また、人間というのはなかなかやっかいで、幸福と感じるゾーンみたいなものがあるらしい。貧困がひどく、生活の環境が劣悪であれば、やはり幸福度は低くなる。いくら「おかげさま」などと言い合っても、幸せを感じることは難しい。ゆえに、収入が増えて、生活環境が快適になれば、まずは幸福度が上がる。

しかし、あるときを境にいくら収入が増えても、幸福度は上がらなくなるらしい。逆に不幸度が増加するとのことである。そういう境界線みたいなものがあるそうだ。年収で言うと、七〇〇万円前後がゾーンだと聞いたことがある。しかし、この数字も時代や社会によって異なるにちがいない。人間というのは一筋縄ではいかない。二〇一一年の幸福度調査も、たまたまこの時期の北陸がよいバランスだっただけかもしれない。

もう少し北陸について考えを進めてみよう。

＊ たとえば、見田宗介さんは「共同体から引き離される時、貨幣が人びとと自然の果実や他者の仕事の成果とを媒介する唯一の方法となり、『所得』が人びとの豊かさと貧困、幸福と不幸の尺度として立ち現れる」と述べている（『現代社会の理論——情報化・消費化社会の現在と未来』岩波新書）。人は共同体から引き離されれば、唯一の頼りは貨幣となるのである。

なぜ福井はあぶら揚げ消費量が多いのか

幸福度調査*で一位に輝いた福井県であるが、実はあぶら揚げ（厚揚げ・薄揚げ・がんもどきの合計）の消費量も日本一位である。もう五十年間一位なのだそうである。年間の購入費用の平均額は、全国平均の倍にもなる。

あぶら揚げの消費量と幸福度は比例するのか!!?

比例すると面白いのだが、そう単純ではなかった。

消費量の二位は京都だ。富山や石川ではない。また、薄揚げ消費量の一位は静岡らしい……。

しかし、福井のあぶら揚げ消費量の由来は、幸福の問題と関わっているように思う。福井のあぶら揚げ消費量は、お斎《とき》などの共食文化が関係しているからだ。お斎とは、「斎《さい》（仏事における食事）」のことである。法事のたびに親類縁者が集まって、精進料理を食べる。これがお斎である。

仏事の食事には豆腐料理が欠かせない。だからあぶら揚げの消費量が上がる。おいしい厚揚げが工夫される。厚揚げ好きが増える。そんな具合であるにちがいない。ご存じのように、福井には曹洞宗の大本山・永平寺がある。修行僧の精進料理には、豆腐やあぶら揚げは重要な食品である。この文化が一般家庭へと展開した面もあると思う。

重要なポイントは、仏事における共食行為の回数が多いことであろう。

ことに注目すべきは報恩講《ほうおんこう》である。報恩講とは、各宗派における宗祖への報恩のための講だ。信徒が集まって法要を行う。しかし、報恩講といえば浄土真宗の代名詞のようになっている。親鸞聖人の命日を縁として十三世紀末あたりから今日まで続くものであり、真宗門徒にとっては一年で最も重要な行事となる。二〇一〇年に福井新聞社が行った「宗教に関する県民意識調査」によると、福井県では「家の宗教が浄土真宗」は六三・八パーセントに上り、「祖先と心のつながりを感じる」との回答は八三・五パーセントとなっている（前出『Ｆｏｌｅ』）。

浄土真宗の報恩講は、それぞれの寺院で営まれるだけでなく、各家庭でも開かれる。これが大きな特徴である。篤信の地域では、今日はこの家、明日はあの家と何日にもわたって報恩講が続く。

そして、この法要を勤めた後にお斎を行うのだ。この習慣が、高いあぶら揚げ消費量の基盤であるにちがいない。宗教儀礼を多く営む、共食行為の回数が多い、これらが幸福度に関係しているのである。

金児先生の調査や見田さんの原恩意識などを合わせて考えると、浄土真宗の「おかげさま」「おまかせ」という態度がこの地の心身を練り上げてきたのではないか、そんな仮説が浮かび上がる。

浄土真宗は「報恩」や「感謝」を強調してきた宗派である。在家仏教なので、特別な修行はない。真宗僧侶はごく普通に社会生活や家庭生活を送っており、剃髪《ていはつ》しなくてもよい。明治以降、日本ではどの宗派の僧侶も公に家庭を持つようになったが、浄土真宗は成立当初から一般在家生活を基盤としてきたのである。一般的な生活の中にある仏道だからだ。

そうした中で大きく展開したのが、「仏さまにおまかせする」や「おかげさまを喜ぶ」といった態度である。特別な修行はない代わりに、ある種のマインドセットを発達させたのである。

これがこの地の基層にあるのではないか。それが北陸の幸福度の高さと関わっているのではないか。そう思うのである。

＊　幸福度というのは指標によってずいぶん異なるようだ。ブータンは幸せの国などと呼ばれているが、世界の幸福度調査のランキングは低い。これはブータンが考えている幸福度の指標と、幸福度ランキングを作成している機関が考える幸福度の指標とがかなり異なるためらしい。

富山人は仏壇と教育にお金を使う

さて、幸福度第二位となった富山であるが、こちらも浄土真宗が盛んな土地柄である。福井や富山の人が働き者であるのは浄土真宗王国という下地があるからだ、なども言われる。

富山の面積は狭い。大きさでいえば、全国で第三十三位である。しかし、家の延べ床面積や、一住宅あたりの居住室数や、持ち家比率は全国一位だそうだ（森田裕一『富山の山の人〝仕事の哲学〟——日本一続く「稼ぐしくみ」富山商人の生き方』経済界）。平均消費性向は低く、貯蓄率が高い。家・仏壇・冠婚葬祭・教育にどかんとお金を注ぎ込むのが富山気質と言われている。

同じく篤信の浄土真宗門徒が多い「近江商人」と並び称される「富山の薬売り」。

「三方良し《さんぼう》」(売り手良し、買い手良し、世間良し)をテーマに都市部で活躍した近江商人に対して、富山の行商人は農村部を中心に展開した。有名な「置き薬」の商法である。各家庭に薬を置いていき、今度また来た時に使った分の代金をもらい、また新しい薬を置いていくというシステムだ。まさに信頼を基盤とした商法である。

現在も富山の置き薬屋を営む森田裕一さんは著書『富の山の人』で次のように述べている。

「優勝劣敗の競争社会のなかで、さまざまな苦悩を感じているのが、現代人の本当の姿ではないでしょうか。

しかし、富山県人は、この点、非常に柔軟で大らかな考えを持っています。『おかげさま』を大切にする浄土真宗の影響もあるでしょう。さらに、過酷な環境のもとで、肩を寄せ合って生きてきた地理的な要因もあるでしょう。

何かを犠牲にして富を得るということは考えません。たとえば『金』か『幸せ』か、『得』か『損』かといった、狭苦しい二項対立で物事を考えないのが富山人です。

富山では何かおいしいものがあれば、みんなで分け合う慣習があります。そうすると、向こうからもいただく。これを富山では『やったりとったり』と言いますが、何事に関しても、いいことがあれば、みんなで共有する意識が働くのです。そもそも、独り占めするという発想がないのです。

何でもシェアするのが富山流です」

このような文章を読むと、「ああ、昔はウチのあたりもそうだったよ」と感じる人もいるだろう。もちろんここに述べられているのは、富山だけの特性ではない。信仰の篤い土地柄や地域コミュニティが円満なところでは大なり小なり見られる傾向と言えよう。しかし、「このあたりは浄土真宗のおかげさまの気風がある」というナラティブ（語られる物語）が大事なのである。

また、あたかもプロテスタントの倫理が資本主義の精神を育んだように、富山では宗教心が商売への倫理とモチベーションへと変換されていたのだ。

「越中では、多くの売薬商人が浄土真宗の門徒であり、とりわけ強い宗教的な風土で育っていましたから、この仕事によって仏につかえようという信念が、いっそう強かったことでしょう。

この信念があったから、全国に薬を配ることができたのではないかと思います」

浄土真宗だけではない。富山は霊山・立山のお膝元でもある。立山信仰の人々によって護符や薬の頒布が行われてきた伝統もある。このような宗教的基盤こそ富山の気風を構築してきたのだ。森田さんは富山人のことを「宗教的風土のなかで鍛錬された働き者」と評している。

ちなみに、社会福祉の世界でも富山は有名である。私はNPOを立ち上げて「むつみ庵」を運営していく上で知ったのだが、「富山モデル」という言葉があるのだ。これはタテ割り行政の弊害を小さくしようとする取り組みで、高齢者福祉や障がい者福祉や児童福祉などの壁を低くする、さらには福祉や教育や医療などの相互連携を進めるというものである。

民間デイサービス事業所「このゆびとーまれ」の活動により、年齢や障がいの有無にかかわらずデイサービスが受けられるようになった「富山型デイサービス」で知られている。これも富山人の共生指向の表れかもしれない。

近江商人の源流は浄土真宗

ついでに、ここで近江商人についてもふれておこう。

近江商人が浄土真宗の信心やエトスを基盤としていたことについては、多くの研究が行われている。またそこから発生した商業倫理や生活規範なども注目されており、ロバート・ベラーや内藤莞爾《かんじ》などは『プロテスタンティズムの倫理と資本主義の精神』（マックス・ウェーバー）になぞらえた解読も行った。近江商人の流れを汲む著名企業としては、武田薬品、髙島屋、伊藤忠商事、丸紅、日本生命、西川産業などを挙げることができる。さらに、近江商人は大阪の船場で活躍したことも知られている。大阪の北御堂・南御堂の周辺に集まった商人たちで形成された船場。近江や伊勢長島からやってきた熱心な真宗門徒は、大阪に行ってもお寺の鐘が聞こえる場所で店を出そうとしたのである。船場はまさに真宗門徒の地域であった。

経済学者の松尾匡《ただす》さんも近江商人の源流を浄土真宗に見てとり、「個人主義・独立独歩精神」「呪術や迷信の否定による合理主義」「報恩思想」「身を粉にするような勤労」「絶対他力へのおまかせ」などの特質があるとしている。そして次のように述べている。「特別な宗教行為よりも、むしろ日常生活のすべてのなりわいが、報恩の行となるのである。仏恩に対する感謝としてやっていることを自覚して、日々の仕事にはげめということになる。

以上の教義の特徴から出てくるのは、お金をもうけてそれでぜいたくなくらしをするために働くのでもなければ、自分が極楽往生させてもらうために働くのでもない、日常の勤勉と節約が、それ自体、宗教行為として自己目的化されるということである。その際、真宗の教義では、不正とどん欲は強く戒められているので、日常の勤労の中でも、宗教行為である以上はその戒めが貫かれることは言うまでもない。もとよりこれも、自分の往生の条件のような位置づけなのではなく、仏恩に感謝するために守られるのである。

このように、富山商人にも近江商人にも、「通常の社会生活や家庭生活がそのまま仏道である」とするメンタリティがあったわけだ。（『商人道ノス、メ』藤原書店）

北陸と滋賀との双方を結ぶ歴史上の人物がいる。

室町時代に活躍した真宗僧侶・蓮如上人《れんにょしょうにん》である。実際、今日においても、滋賀から北陸にかけての蓮如への思慕は強いものがある。毎年、京都の東本願寺から福井の吉崎まで、「お通り」と呼ばれる道中が行われる。蓮如の御影をみこしに乗せて、二六〇キロを歩くのである。蓮如の北陸行きを再現しているのだ。三百年以上途絶えることなく続けられている道中である。「蓮如上人さまのお通り〜」と声をあげながら、約一週間かけて歩く。

なんとのんびりした道中であろうか。

実はこのような前近代的な宗教儀礼の中に、現代人特有の苦悩を考察する上での手がかりがある。

新幹線が通ると幸福度は下がる？

本章はかなり風呂敷を拡げるような言説となっているのだが、ここまでは関連する研究もあり、中《あた》らずと雖《いえど》も遠からず的な話であった。ここからはさらに勝手な類推（アナロジー）となる。しかし、この類推こそ人類の証しである。こうなれば、筆は止まらないのである。

経済学者の坂本光司さんたちによる幸福度調査では第一位から順に、福井・富山・石川・鳥取・佐賀・熊本・長野・島根・三重・新潟・滋賀・香川・岐阜・山梨・大分となっている。いずれも新幹線が通っていないか、近年通るようになった地域ばかりではないか（この調査の発表は二〇一一年）。

そうなると、北陸新幹線が開通した今、これから次第に北陸の幸福度は落ちていくのではないのか。

空間の移動時間と幸福度は関係しているのだろうか。

現代人の時間の問題について考えてみよう。

あらためて考えてみれば、交通手段の高速化によって我々が移動に必要な時間は飛躍的に短縮している。また、さまざまな電化製品によって、日常生活に必要な時間と手間も大幅に削減できている。

つまり、本来であれば現代人はひと昔前に比べて大きく時間が余っていてしかるべきである。それなのに、あきらかに昔よりせかせかしている。あきらかに昔より時間が不足している。実におかしな話である。

韓国映画に「祝祭」という佳作がある。現代の韓国のお葬式を描いたものだ。この映画の中で、「今の人はお葬式に時間をかけなくなっている。昔と大違いだ。これが今の社会を悪くしている元凶だ」といった発言が出てくる。しかし、どうみても日本より長い時間をかけてお葬式を行っている。中国映画の「涙女」や、台湾映画の「父の初七日」も同様だ。日本に比べるとかなりのんびりしている。

伊丹十三《いたみじゅうぞう》の映画「お葬式」を見直してみると、この頃は日本でもまだ時間と手間をかけてお葬式をしていたんだなあ、などと感じる。この三十年くらいで急速に死者儀礼の時間が委縮したのである。お通夜・葬儀と二日間参列する人も減少しているらしい。なかなか二日間もおつき合いできないのである。現代人は忙しいのだ。ゆっくりと野辺送りの葬列を組む地域もめずらしいものとなった。

伝統芸能などでも、昔の庶民はもっとのんびりと楽しんでいたようだ。文楽や歌舞伎などを早朝から夜まで、丸一日かけていたのである。もちろん、休日のシステムや就業形態が今とは異なるので、単純に比較はできないのだが。

少なくとも、どんどん時間の余白が無くなっていることは間違いないと思う。本来、余ってしかるべき時間が縮んでいる。これはやはり現代人のもっている内蔵時間が縮んでいるからだろう。

物理的な時間がいくら余っても、本人がもっている内蔵の時間が縮めば、忙しくなる一方なのである。これは苦しい。

委縮した時間で暮らしていると、ちょっとしたイレギュラーな事態にイライラすることとなる。ささいなデコボコが気になる。内蔵時間が長いと、デコボコを引き受ける耐性が上がるのである。現代人のしんどさはこのあたりに大きな原因があると思う。

現代社会は、時間が縮むような装置やシステムが増える一方である。同時に、内蔵時間を延ばす装置やシステムが減少している。

いかに内蔵時間を延ばす装置に目を付けるか、ここに我々のテーマがある。

実はこのテーマを自覚したのは、加藤智大《ともひろ》が起こした秋葉原通り魔事件のときであった。この事件が起きたのは二〇〇八年六月八日。その七年前の同じ日、大阪教育大学附属池田小学校で宅間守が児童殺傷事件を起こした。池田市で暮らす筆者は、加藤の事件が起きたとき、やはり宅間の事件を想起した。しかし、この二つは根本的に異なるところがあるとも感じた。加藤智大の起こした事件は、時間がとても委縮したような新しいタイプの犯罪だと感じたのである。

筆者の父親は長年保護司をしていた。そのため、子どもの頃から罪を犯してしまった人たちを数多く見てきた。罪を犯してしまう人は、ある日突如として犯罪に手を染めるわけではない。突然白から黒になる人はおらず、ずっとグレーゾーンをうろうろしているのである。そのグラデーションの中で引き返す人もいれば、最後の一線を越える人もいる。ところが加藤智大には、このグラデーションが極端にない印象を受けたのである。本当のところはわからない。この事件の詳細を知っているわけではない。ただ、その印象を受けたことで、現代人の委縮した時間について思いをはせることになったのである。

その視点でいえば、宅間守は旧来型の犯罪者である。何度もトラブルを起こし、警察沙汰になり、いつか大事を起こすのではないかと周りの人が危惧するような人間だった。そしてついにあの惨劇へと至るのである。事件自体は日本犯罪史上特異なものである。しかし、宅間はグレーゾーンをずっとうろうろしているようなタイプであった。

一方の加藤智大は、それまで前科があったわけでもなく、大きなトラブルを起こしたわけでもない。むしろごく普通の社会人として暮らしていたようである。ただ、インターネットの掲示板には熱心に書き込みをしていて、その書き込みへのリプライが遅いとすごくイライラしたとのことだ。犯行の直前には、自分で掲示板に書き込んで、自分でリプライを書いたりしている。加藤の時間はひどく委縮していたにちがいない。グラデーションの幅も小さく、突如として極端な行為へと移行した感がある。

このような委縮した時間におけるいらつきは、他人事ではない。ここには現代人が抱えやすい苦悩の根を垣間見ることができるのである。

宗教儀礼は「カイロスの時間を延ばす装置」

神学者のパウル・ティリッヒは時間を「クロノス」と「カイロス」に分けて考察している。両方ともギリシャ神話に出てくる神の名前である。ティリッヒの分類で言えば、クロノスは物理的・客観的な時間のことであり、カイロスは主観的・体験的な時間を指す。それを援用して、ここからは前項で述べた内蔵時間をカイロスと呼称する。

我々のカイロスの時間が委縮しているのは、委縮させるような装置が増加する一方だからである。同時に、現代社会においてはカイロスを延ばす装置が減少する一方なのだ。ここを自覚して、時間を延ばす装置や技法に眼を向けねばならない。そういう時期を迎えている。

さて、人類にとって、もっとも「カイロスの時間を延ばす装置」は何かといえば、実は宗教儀礼なのである。

人類は数万年前から宗教儀礼を営んできた。宗教儀礼の場を創造することによって、人類は共同体を維持し、大きな存在に思いをはせ、個を超える感性を育ててきた。そして、内蔵する時間を延ばしてきたのである。

人類の宗教儀礼において、大きな位置を占めるのが死者儀礼である。今日で言えば、お通夜や葬式や法事などがそれにあたる。現代の日本社会は、急速に死者儀礼が痩せている。江戸時代から続いた寺檀制度を基盤とした死者儀礼の形態が大きな転換期を迎えているからだろう。都市部であれば親の法事も一周忌で終了してしまうそうである。せいぜい三回忌あたりまで。七回忌を勤める人は少なくなっている。やはりそれだけ時間が縮んでいるのだ。

もちろん、三十三回忌や五十回忌を勤める地域や家もある。ひとくちに日本社会といっても、地域の相違は大きい。しかし、全体的に死者儀礼は痩せ細ってきていると思われる。生きている人間の寿命が延びるにしたがって、死んだ人の寿命が縮んでいる、そんな状況なのである。

かつては、位牌や過去帳を見て、「この人、今年は五十回忌にあたっているようだ」などと、見たこともない先人の法要を勤めることはめずらしくなかった。五十年も前に亡くなった見たこともない先人を縁として、親類縁者が集まり法事をひらく。やらないでおこうと思えば、やらなくてもすむようなものである。

準備も段取りも大変である。なぜこんな苦労をしなければならないのか、よくわからない。不合理である。

そんな場に身をおく。五十年前の人がいたから、この場が成り立つのだ。これがカイロスの時間を少しずつ少しずつ延ばすのである。

おそらく「やらなくてもすむこと」「面倒なこと」「不合理なこと」、これらがカイロスの時間を延ばすのだろう。

本章で考察した〝幸福度が高い地域〟は、低い地域に比べるとカイロスが長いにちがいない。時間を延ばす装置が生きているから。

「新幹線が通っていないところのほうが幸福度は高いのではないか」などと乱暴な話をしたが、このことを言いたかったからである。こうなるとリニア新幹線などは、さらなる不幸をもたらしそうである。また時間が委縮する巨大装置になるかもしれない。そうわかっていても、開通すればやはり使ってしまう気がするのは、我ながら情けない（使うのか！）。

そういえば、精神科医の名越康文先生は、東京―大阪間を移動する際、わざと「こだま」に乗ることがあるらしい。「のぞみ」だと、速くて身体感覚がついていかないからだと言っていた。東京―大阪の距離を二時間半で移動してしまうと、自分の魂はまだ追いついていない状態になるそうである。おかしなことを考える人だ。しかし、言わんとしていることはわかる。「これは精神的に具合が悪い」と直感しているのであろう。

北陸新幹線開通によって、北陸の感性は変わるのだろうか。富山や福井あたりはあまり影響がないかもしれない。大阪から東京に行くよりも、大阪から富山に行くほうが距離的には近いはずなのに、移動時間は長くなる。移動時間を基準に日本地図を作成したら、大阪から富山の距離は北海道と同じくらいになると聞いたことがある。

そういえば、和歌山の熊野あたりも訪れるのが大変である。

ここは古代からの聖地だが、はるか昔から今日に至るまで、どの方面からも行きにくいところである。天皇の熊野詣に付き添った人たちの日記を読むと、もういやだ、つらい、などと書いてある。難行苦行の行路だったのである。現代人に比べると格段に歩く能力に長けていた時代の人が、とにかく遠い、と泣きごとを書き残している。よほど遠いのだ。

しかし、人は熊野へと向かう。

なぜそこに行くのか。

プリミティブなものがある場だからである。そこに身をおかないともう自分というものが立ちいかない、それほど心身が委縮していたのだろう。現代人が週末にパワースポットへ足を運ぶのも、似たようなところがあると思う。

すでに成熟期に入った日本社会は、これからの方向性としてカイロスを延ばす技法や装置へ眼を向けていかねばならない。その手がかりは、「宗教儀礼」や「不合理」にある。

もうひとつ、おすすめが伝統芸能である。

芸能というものは日常の枠組みをゆさぶる機能をもつ。その点において宗教と重なる部分が大きい。そして宗教さえもゆさぶるだけの底力をもっているのが芸能だ。

特に伝統芸能は発信する刺激が微かであるため、こちら側の感度を上げて心身をチューニングしていかねば楽しめない。この作業によってカイロスの時間が延びるのである。

同じ芸能でも、刺激の強度を競うようなものだと、逆に時間が縮む気がする。短期間で消費されてしまうような企画モノだと、刺激の上書きが繰り返されることになってしまう。こちらの感度を鈍くせざるを得ない。

伝統芸能のよさは、さまざまな文化につながっていることである。歌舞伎を楽しんでいると、どうしても能楽が気になってくる。能楽が好きになれば、浄瑠璃なども面白くなってくる。茶道に通じてくると、華道や禅が気になってくるのと同じである。こうして次々と扉が開いていくのは、伝統的なものならではの事態である。何かがつながっていくというのは、人間の根源的な喜びでもある。

第七章 土徳とローカリズム

ローカル・ブディズム

日本の伝統仏教は、しばしば「宗派仏教」と呼称される。いや、揶揄《やゆ》される。確かに、禅に特化した宗派、念仏に特化した宗派、密教に特化した宗派、法華経に特化した宗派、などと分かれていたりするのは日本仏教くらいである。こういった事情があるので、ひと口に僧侶といっても宗派が異なれば互いにわからないことも少なくない。

さらにひとつひとつの寺院で見れば、各地域を基盤に運営されている場合が多く、それぞれに特性をもっている。

そこで日本仏教の特徴を、「ノーマライゼーション・ブディズム」「デノミネーション・ブディズム」「ローカル・ブディズム」と名づけてみた。自家製英語なので、英語圏の人には通じないかもしれない。

「ノーマライゼーション・ブディズム」とは、日本仏教は、出家の形態が崩れ、戒律なども変形して、ごく普通に社会生活や家庭生活を送る方向へと進んだことを指す。

この傾向は近代になって急速に進んだ。しかし、振り返ってみれば、日本の場合はかなり初期からこの方向を志向していたようにも思う。

たとえば、日本最古の書物である『三経《さんきよう》義疏《ぎしよ》』は、『法華経』『維摩《ゆいま》経』『勝鬘《しようまん》経』

の講義録であるが、この三経はいずれも出家者と在家者との差異を解体する方向性をもっている。『維摩経』にいたっては、在家者優位の経典である。この種の経典が日本で重要視されてきたのだ。これは日本の宗教メンタリティの特性によるものだと思う。さらに、聖《ひじり》・沙弥《しゃみ》・毛坊主など半僧半俗の人たちが活躍してきたのも、日本仏教の大きな特徴である。

ノーマライゼーションはもともと社会福祉用語である。障がい者や高齢者などハンディを抱える人たちを、他の人々と分けてしまうのではなく、できるだけみんな等しく一般的（ノーマル）な生活を目指す理念や実践を指す。

日本人の宗教性には、世俗を捨てて聖なる生き方を目指す方向性よりも、世俗の中で苦悩しながら生きぬく方向性を評価する感性があるのではないか。確かに世俗から離れた生活よりも、この日常を生きるほうがずっと大変じゃないかという感覚はわかる。またどこまでいっても世俗から離れることなどできない。

「デノミネーション・ブディズム」のデノミネーションとは、宗派のことである。すでに述べたように、宗派の独自性が強いのも日本仏教ならではである。これは膨大な仏教体系の中から、たったひとつを選び取るといった道を構築してきたからである。

それは純化であり、平易化である。特に鎌倉新仏教と呼ばれる宗派はその性質をもつ。「ローカル・ブディズム」は、地域性が大きく反映された仏教という意味である。これも日本仏教の特性である。しかし、この面が今、急速に解体されつつある。そこであらためて、この部分の重要性について述べてみたい。

土徳に育てられる

前述のように北陸は分厚い宗教性を基盤にした地域であり、浄土真宗王国であり、幸福度が高い。そしてこのことに注目したのは、社会学者や経済学者たちだけではない。この件に関する先駆者として、柳宗悦《やなぎむねよし》を挙げることができる。

柳宗悦は民藝運動でも知られる人物である。民の暮らしの中から生まれた美に注目した柳は「民藝」という言葉を生み出した。芸術品や美術品の美しさではなく、日常に使う生活道具の美と価値。そこに注目したのである。また、柳は他力の仏教に導かれていた。片田舎で暮らす名もなき凡人が、見事な信心の花を咲かせる他力の仏教は、柳の心をとらえたのである。法然・親鸞・一遍を研究し、妙好人《みょうこうにん》に注目した。民藝品を妙好品と呼ぶこともあった。

この柳宗悦が語った言葉に「土徳」がある。その地域がもつ徳のことである。柳は土徳が人を育てることを知っていた。

柳は、以前から目をかけていた棟方志功《むなかたしこう》の疎開先である富山県南砺《なんと》地方を指して、「土徳がある」と言い放ったらしい。戦時中に南砺へと疎開した棟方は、戦争終了後もしばらくの間その地で暮らしていた。そこは浄土真宗の篤信の地であった。柳はこの地によって棟方の作品がこれまでの枠を突き破ったことに感じ入り、「土徳が君を育てた」と評したそうである。また、柳は芸術家のバーナード・リーチにも南砺の土徳を詳しく説いている。

おそらく「土徳」という用語は国語辞典などには掲載されていないだろうと思う。近年、この「土徳」を世に送り出したのは、映画監督の青原さとしさんである。彼は「土徳――焼跡地に生かされて」「土徳流離――奥州相馬復興への悲願」など、土徳をテーマとした映画を世に送り出している。ドキュメンタリー映画「土徳――焼跡地に生かされて」では、真宗の篤信地域・広島を描いている。青原監督自身が父・淳信さんに問いかけるパーソナルなドキュメンタリーである。映画の中で淳信さんは「その土地のお育てにあずかる」と語っている。これほど土徳を端的に表現した語りはない。

地域の風土や習俗や生活様式が人格の肉づけをしていく、それが土徳の恵みであろう。地域独特の習俗や宗教儀礼を手放さない、ここが決定的に重要なのである。

土徳はローカル・ブディズムの精華であり真髄であろう。立派なお坊さんが教えを説いて導くというのではなく、その地域がもっている土徳が人を育てる。なんとも漠然とした情緒的な仏教である。

長い間かかってつちかわれてきた土徳も、やがては消えていく。すべては刻々と変化し続けると説く仏教の教え通りである。しかし、あっさりと手放してしまうには、あまりにもおしいとは思わないか。できれば一日でも二日でも消え去るのを先延ばししたい、そう思うのである。

近年またブームになっている個人心理学のアルフレッド・アドラーは、「ソーシャル・インタレスト（共同体感覚）」こそ幸福への道であると述べている。

アドラーが大きな注目を集めるのは、現代人がいかに人間関係で苦悩しているかの証左であろう。

アドラーは人間関係から生きる上での苦悩を読み解いた人物である。究極的には人生の悩みのすべては対人関係にあると考えた。そしてその問題は、社会や他者と関わるソーシャル・インタレストによって解決すると言うのである。

「その土地のお育てにあずかる」と表現される土徳と、ソーシャル・インタレストとを合わせて考察すると、北陸の幸福度の謎が解けるにちがいない。

都市に土徳はあるのか

ところで、都市部はどう考えればよいのだろうか。都市部の土徳というのはあり得るのだろうか。都市部のような流動性の高い地域では、土徳などといったストーリーは機能しにくいだろう。

しかし、流動性の高さに目を奪われて、その土地がもつ宗教性が見えにくくなっているだけかもしれない。アンテナを鋭敏にすれば、都市には都市の宗教性があり、徳があると思う。

たとえば、大阪にはかつて「七墓参り」というものがあった。お盆に無縁墓をお参りする習慣である。都市には共同体から切り離されて暮らしている人々がいる。そんな人は、亡くなってもお墓にお参りしてくれる人がいない。だから、そういうお墓をみんなで参拝してまわるのである。都市ならではの実にユニークな形態であった。残念ながら、近代の初期に消滅してしまった習慣なのだが。*

眼をこらせば、都市ならではの宗教性が見えてくる場合がある。日本社会は、都市の宗教性についてじっくりと見つめ直す時期を迎えていると思う。

都市にも土徳があるのは間違いないが、地域の年齢というものがあって、やはりある程度の歳を重ねねば蓄積・発揮されない。

都市は地縁・血縁の排他的性格が希薄な地域である。

都市では、共同体に所属していなくても比較的フェアにあつかってもらえる。都市で暮らす人々が宗教性の高い共同体のクラスターをあちこちに構築すれば、成熟期の社会の道筋が開けてくるはずである。

とにかく、日本社会は先行形態がない超高齢社会に突入している。モデルがないのだ。

自らがモデルになっていかねばならない。

今は手さぐり状態である。そんな中、我々はもう一度、土徳的な視点を再評価していく必要がある。すでに地方においても人々のマインドは都市化している。もしかすると都市の土徳を模索するところに新しいモデルへの扉があるのではないか。特に都市はカイロスが縮みがちである。「都市におけるカイロスを延ばす場」を増やしていくことがポイントだと思う。

＊　大阪の「七墓参り」に関しては、コモンズ・デザイナーの陸奥《むつ》賢さんが詳しい。陸奥さんはここ数年、お盆の七墓参りを復活させる活動に取り組んでいる。

御取越に二カ月かける

またローカルな話に戻る。

浄土真宗には御取越《おとりこし》と呼ばれる習慣がある。本願寺での親鸞聖人の御正忌法要（命日の法要）の前に、真宗門徒の各地域や各家庭で報恩講を勤めることを指す。秋から年末にかけて、僧侶が地域や家庭をまわる。一般的なお盆に似ている。

真宗地域は、お盆はそれほど熱心ではなく報恩講が中心、というところも少なくない。ただ御取越は減少しているようだ。残念ながら、私が住職をしている如来寺でもほとんどなくなってしまった。

学生時代の友人に福井県の浄土真宗寺院の息子がいた。彼は「うちらの地域では、御取越が二カ月ほどもかかる」と言う。驚くほど日数がかかるのだ。数百軒ものお宅をまわるのかと聞くと、そうでないと答える。せいぜい五十軒ほどらしい。それなら二カ月もかからないだろうと問い返すと、それぞれのお宅に行くたびにお斎が出てお酒を飲まされるから一日に二〜三軒しかまわれない、とのこと。一軒に長く居るので、時間がかかる。そのうえ、お酒に弱い住職だと二軒目あたりからかなりきつくなるそうである。だから二カ月もかかる。

学生時代に聞いた話なので、今でもこのような形態が続いているのかどうかわからないが、このカイロスの長さ、効率の悪さ、福井ってすごいと感心した。

このような宗教性はその土地特有のものだから、そのままで他所に移植することはできない。また、その土地特有のものでありながら、宗教性の本質へとつながる回路となっている。こういった領域をローカル・ブディズムと呼んでいる。前述したように、ノーマライゼーション・ブディズム、デノミネーション・ブディズムと並んで、日本仏教の特性である。

ローカル・ブディズムは、その地域においてはもはや肌感覚になっている、あるいは生活様式になっている仏教である。宗教社会学者のロバート・ベラーは、伝統宗教が肌感覚に気化していることを市民宗教（シビル・レリジョン）と命名したが、それに近い。

社会が都市化・効率重視化するにつれて、ローカルな宗教性や仏教色は希薄になっていく。そもそも近代というシステムは、地域差・文化差を低減していく装置だ。地域差・文化差はかなり非効率なものである。うまくすり合わせするためにコストや手間がかかる。統一規格にすれば、短時間でものごとを動かすことができる。ローカルなルールや慣習は、ことごとくつぶれていった。

もちろん、仏教の教義にはローカル・ブディズム的な思想はない。釈尊の教えはグローバルなものである。国も民族も超えていく。しかし、純粋無垢な教理だけが働いている仏教が世界のどこかにあるかと言えば、そうでもないのだ。世界中どこをとっても、人々の生活に息づく仏教であり、各文化圏・各民族などに彩られた仏教であり、ローカルな要素が混入している。

かつて氏族・血縁・地縁・職縁が大きな原理であった社会から転換した我々の社会。これからフェア&シェアのコミュニティを目指すとき、ローカルな宗教性を簡単に捨ててしまわない態度が肝要であることを強調したい。

四国の「お接待」

『夢千代日記』や『花へんろ』を書いた作家の早坂暁《あきら》さんは、四国の愛媛県・松山の生まれ育ちであり、実家は遍路道のそばにあった。ご存じのように四国はお遍路さんの行き交う土地である。特に遍路道沿いで暮らす人々のなかには、お遍路さんに食べ物などを施す「お接待」を習慣としている人がいる。そういう光景を当たり前として育ったので、大学入学で上京したときは、街にお遍路が歩いていないことに驚いたという。日本中、お遍路が歩いていて、みんなが「お接待」をしているものだと思っていたらしい。

早坂さんは三歳になっても歩くことができなかったので、母親が早坂を連れて四国霊場八十八ヶ所を巡礼したこともあった。見ず知らずのお遍路のおじさんが、盛夏の中、汗びっしょりになって歩けない自分を背負って歩いてくれたことも覚えているそうである。おじさんの背中と、セミの鳴き声。それが鮮明に心身に刻みつけられているのだ。

ただ、早坂さん自身はそういう土地柄が嫌で東京へ逃げたのであった。なにしろ昭和初期のお遍路はまだまだ悲惨な人も多く、陰鬱《いんうつ》なムードがあったからである。青年期には、早くここを出て、そして二度と帰りたくないと考えていた。

しかし、歳を重ねるにつれて、四国の重要性が見えてきたらしい。あの見慣れた光景、あれはとても明るいものであったことがわかる。都市の闇はとんでもなく深い。あれほど人と人とがつながる喜びを実感できるところはないと考えるようになった。

それに四国は日本中の苦悩がやってくる土地なのだ。早坂さんの言葉を借りれば、「四国は日本の脈どころ」なのである。今、人々が何に苦しみ、何を願っているかがわかる。

かつては社会から疎外された人たちが歩いた。病気や貧困で苦しむ人々が歩いた。高度成長期の波にのれなかった人が歩いた。うつの人が多いときもあった。今は高齢者や人間関係に苦しむ人が多い。

まさに四国を見れば、日本社会の苦悩がわかるのである。

そしてそれを支える「お接待」。

こういう風土は、つくろうとしてつくれるものではない。「遍路者は、自分の身代わりにまわってくれている」「あの人はお大師さんの化身である」といった宗教心性が基盤になって、お接待が成り立つのである。

お遍路は蒙古襲来という一大国難のときも途切れることがなかった。そんなお遍路が千年以上続く中、たった一度だけ途切れたことがある。日本の歴史上、願いも祈りも許されなかったときがあるのだ。それは第二次世界大戦終戦の直前。そのとき、日本の「脈どころ」は止まった。脈がなかったのである。

四国を巡礼する人は、四国などと呼ばない。「お四国さん」と呼ぶ。このような事態は四国でしか起こらない。そしてこれを生み出したのが日本仏教だとするならば、驚嘆すべきローカル・ブディズムである。

そういえば、愛媛県にある栄福寺（四国八十八ヶ所第五十七番札所）の住職・白川密成《みっせい》さんの原作による映画「ボクは坊さん。」は、このような四国の仏教風土が描かれている。初めて観たとき、「ああ、これはローカル・ブディズム映画だ」と感じた。

家の軸としての仏間

青原さとしさんの「土徳流離」にしても、ローカル・ブディズム・ムービーという視点で観ることができる。青原さんが生まれ育った広島は名だたる浄土真宗王国である。広島の建設関係者は、設計プランを立てる際に、仏間をどこに配置するか、仏壇の場所はどこにするかをとても気にするそうである。

広島では、「家はそうやって建てるものだ」となっているからだ。だから、広島では新婚の家庭にもお仏壇があったりする。それが「家」なのである。

亡くなった人を祀るということ以外に、家の軸として仏間があるのだ。

広島だけではない。私が生まれ育った地域も、ほんの少し前までそういった気風があった。

カイロスが縮小している日本社会において、そういった地域の文化差はつぶれていく一方である。日本中どこにいっても同じような家になっている。地域独特のものがプランに入る余地が減少している。

各地域がもっていた様式性が消滅しそうな勢いなので、そこをもう一度点検するためにもローカル・ブディズムに着目するのがよいと思う。もちろん地域性には排他的な面もあって、具合の悪い部分もたくさんある。そこで都市化されたマインドをもつ現代人がもう一度見直して、よい部分を拾い直すのである。そのような作業を通して、現代人のテーマである「カイロスを延ばす装置」へとつながるのではないか。

考えてみれば、日本仏教全体がかなりのローカル・ブディズムなのだ。仏教の原型と比べてみれば、ずいぶん変質している。

そして、ひとくちに日本仏教といっても、四国には四国独特のテイストがあり、東北には東北の感性があるというわけだ。それが具合の悪いところだったりもする。本来の仏教がもつ基盤や方向性を見えなくしてしまうこともある。しかし、長い年月をかけて土着し熟成した徳をもっている。理念先行で仏教をとらえると、この手のものは無価値に見えがちであるが、ローカルな仏教が我々の生と死を支えてくれることもある。

地域の物語

地域には年齢差があって、年を経て成熟した地域とニュータウンのような若々しい地域とでは方向性も価値観も異なるところがある。ローティーンに奥行のある味わいを求めてもうまくいかないように、ニュータウンに熟成したものを求めてもお門違いである。

以前、内田樹先生と「地域を単に行政区分でとらえるのではなく、年齢別的な視点で見直してはどうか」という話をしたことがある。そのとき内田先生から「江戸時代の藩はなかなかよくできている」と教えてもらった。

藩はそもそも川や峠などの地形で線引きがされていた。たとえば、今の島根県でも出雲と石見とでは言葉や文化や宗教がかなり異なる。暮らしている住民も、違うなあと感じて住んでいる。それを近代行政の都合で線引きをしたものだから、土徳が封じ込められたような状態になっているのではないか。大阪は、摂津と和泉と河内《かわち》で違う。山形は今でも、庄内藩と米沢藩との違いが大きいと聞いたこともある。

土徳から地域を見直すことは、時間が延びる装置を増やしていく手立てとなる。

いずれにしても、カギは「物語」にある。

その地域ごとの独特の様式に注目して、様式の寿命を延ばす物語を語り合うのである。物語を語り合わないと、様式はすぐに寿命が尽きる。何百年と続いていても、途絶えるのは一瞬である。

三重県員弁《いなべ》地方あたりには、ぜひ次世代へとつないでもらいたい特有の死者儀礼様式がある。お葬式でお赤飯と唐辛子汁やワサビ汁を食べるというものである。浄土真宗の篤信地域では、葬儀にお赤飯を炊いて供える地域がある。死は忌むべき悲嘆のときではなく、浄土へと往生した喜びのときだという教えからこのような形態が生まれた。葬儀が終われば、みんなで赤飯を食べるのである。しかし、三重県員弁あたりでは、赤飯と一緒に唐辛子やワサビなどを使った辛い汁を食べる地域が点在している。

いくら仏教の教えで「浄土往生の喜び」を説かれても、愛する人を失った悲しみはいかんともしがたい。だから、辛い汁を飲んで、涙を流すのである。汁が辛いという体《てい》で泣くのだ。なんと人間の心の機微に呼応した死者儀礼であろうか。これを知ったときは、たいへん感銘を受けた。

葬儀に赤飯を炊いて食べるのは、浄土真宗のロゴス（理法）を基盤としている。しかし、辛い汁はパトス（情念）から生まれたものである。ロゴスとパトスがかみ合って、「葬儀に赤飯と唐辛子汁やワサビ汁をつくり、共食する」という独特のエトス（行為様式）が構築されているのである。ロゴスとパトスとエトス、この三つが見事に機能している。この三つがからみ合いながら、特有のトポス（場）に息づいている、それが土徳の正体である。

このようなローカルな仏教様式の物語を語り合っていきたいのである。地域のエトスは、誰かが高く評価して、語っていかねばならない。意外と地域の人たち自身は、無自覚であったりするからだ。

物語がなければ、「もうやめてもいいんじゃないか」となりかねない。ローカル・ブディズムなどと言い出したのは、このような物語を評価するためでもある。

仏法という物語を生きる

エトスは我々が考えている以上に我々の生を支えてくれる。ユダヤ民族が千九百年にわたって自国がなくてもユダヤ民族であり続けることができたのは、ユダヤ教のエトスがあったからである。ユダヤ教のエトスがあるかぎり、彼らはどこで暮らしてもユダヤ民族であり続けることができる。

以前、浄土宗の僧侶たちとイスラエルやパレスチナを訪問したことがあった。イスラエルではユダヤ教の強烈なエトス、パレスチナではイスラムの強烈なエトスが存在する。少々毒気にあてられたような気分で、フラフラになった。そのとき、浄土宗の十念（南無阿弥陀仏を十回称える）を一緒に称えたのであるが、身体の奥底からわき上がるものを感じ、急速に肌感覚が戻った。そうか、もしかしたらお念仏を称えれば、どこでも生きていけるかも、といった思いになった。

念仏を称える行為を単純にエトスととらえることは間違っているのだが、称名念仏《しょうみょうねんぶつ》の行為様式が肌感覚となっていなければ起こらない事態であることは間違いない。

ローカルなブディズムや、デノミネーション・ブディズム（宗派仏教）には、やはり特有の物語がある。それらを現代人の知性や合理性で、捨てたり拾ったりすることは具合が悪い。なぜならその物語に身も心もゆだねて、生きて、暮らして、死んでいった数多くの人々がいるからである。

ひとつひとつの生と死が、それらの物語を編み上げてきたのである。他のものと代替できないのだ。

このような「物語」に対して、「情報」はどんどん使い捨てられていく。

情報は、新しいものを手に入れれば、それまでのものは必要なくなるからである。つまり消費されていくのだ。情報を消費する能力、情報を扱うスキルに関しては、現代人はかなり成熟している。必要な情報をピックアップして、不要な情報を捨てるのは達者になっている。しかし、物語に沿って生きる、物語に心身をゆだねることは苦手になっている。物語は痩せる一方である。

物語は、いったんそれに出遇うと、もう出遇う以前に戻れないほどの力をもっている。それまでの自分のあり方が問われる。それが物語である。

その意味において、仏法は情報ではない。仏法はどの面を取り上げても、物語である。なぜなら仏法と出遇えば、もう出遇う以前の自分には戻れない。そして、今の自分のあり方が厳しく問われてくるのである。

私が幼い頃、すぐ近所にすごい念仏者のおばあちゃんがいた。私が小学生の頃に往生されたのであるが、子ども心にまるで菩薩のように見えた人である。私はこの人を修士論文で取り上げた。関係者に話を聞いてまわった。予想していたよりも若い頃苦労した人であったことがわかった。あまりに生きるのがつらいので、お坊さんのお説教でも聞けば楽になるかと考えて、お寺参りを始めたそうである。しかし、仏法を聞けば聞くほどよけいに苦しくなる。自分が問われるからである。ついには一切仏教と縁を断つ決心をして、家のお仏壇の扉を釘で打ち付け、縄で縛って、二度と開かないようにしたそうである。

なんと壮絶な求法《ぐほう》心だろうか。確かに仏法を聞き続けていると、しばしば「知らないほうが気楽でよかったんじゃないのか」といった気になることがある。しかし、もう以前には戻れないのだ。物語は消費できない。だからこそ苦難の人生を生き抜く力となるのである。

情報を消費するという態度から、物語に身を添わせる方向に変える。

現代は物語そのものの能力も低下している社会であり、同時に我々は物語に沿って生きる能力も低下している。物語にシンクロさせていく心身こそ重要である。そして、「ああ、この物語は私のためにあった」という物語と出遇えば、もう他の物語で代替できなくなる。そのとき、我々は救われるのである。

宗教の物語は、死を超えても続く。来世もまたひとつの物語である。

我々の人生も物語であり、すべては意味の束である。よく考えてみれば、「明日」というのも物語だ。明日はいつまでたっても来ない。でも我々は、なんとなく明日があるという前提で日々暮らしている。それもひとつの物語なのだ。

来世も同じようなものである。死を超えても続く物語があるからこそ、この世俗を相対化できる。宗教は、この世俗の外部に出る回路をもっている。だから我々は宗教で救われるのである。

宗教の物語とローカル・ブディズム的視点を重ねて考えているうちに、「宗教があまり大きな話をし始めると、よろしくないのではないか」といった気になってきた。

宗教が、世界はこうあるべきだ、などと言い出すとろくなことがない。どうも信用できない。宗教は日常を簡単につぶしてしまうほどの体系である。だからこそ日常に足を離さない態度がポイントとなる。

その意味では、近代とは「文明の進化によって幸福が実現できる」といったシンプルで壮大な宗教的物語が機能した時代であった。でも、もうそんな物語にはのれない。これについてはフランスの哲学者ジャン＝フランソワ・リオタールが『ポストモダンの条件』でうまく説明している。リオタールは、大きな物語が機能しなくなった時代をポストモダンと呼んだ。大きな物語から降りた人々にとって、仏教はぴったりだと思う。でも、多くの人は「私の物語」に陥りがちである。「私の物語」を生きるのも、それはそれで苦しいのである。物語には適正規模といったものがある。ローカル・ブディズムがもつ適正規模的な性格に注目したいのである。

終章――お世話され上手への道

こだわりのなさ

第五章でも取り上げた熊谷晋一郎さんは、今、「痛み」について研究しているそうだ。熊谷さんの障がいは、進行性ではない。しかし、老化は進む。そのプロセスが健常者とは異なるそうである。そのため、原因がよくわからない身体の痛みが発生するらしい。我々の身体というのは、現代医学では「異常なし」とされている状態でも痛みは生じるのだ。そして原因が不明であるだけに、その痛みは苛酷なものとなる。

ところが「痛み」に関する研究が進むにつれて、熊谷さんはその痛みとうまくつき合えるようになってきたと言うのだ。熊谷さんによれば「痛みを消したい」という思いが、痛みを強めることになるとのこと。

たとえば、薬の量が増えたり、怒りや孤独感が強くなったりすることで、痛みが強まるのだ。だから、「痛みが消えるわけではないが、痛みを理解することでそのインパクトが弱まる」と語っていた。「消したい」から「知りたい」へと態度を変えるのが重要であることを体験したそうだ。熊谷さんはこのような〝意味の転換〟が達者な人である。既述のように、「自立とは多様に依存している状態のこと」などは見事な転換だ。その熊谷さんが語る「自分は生まれたときから四肢が不自由なので、他者に迷惑をかけねば生きていけない。だから、いかに上手に迷惑をかけるかが生きるすべなのだ」は、まさに本書のテーマを言い当てている。

個人の自由に価値をおく現代社会では、「他者に迷惑をかけないかぎり、何をやってもよい」という倫理を構築してきた。他者に迷惑をかけない態度は美徳である。しかし、一方で現代人の傲慢《ごうまん》でもある。

かつてのように地域共同体が濃密な社会では、迷惑をかけたり、かけられたりする事態がひんぱんに起こる。だから人々は迷惑をかけたりかけられたりする心身を訓練してきた。しかし、現代人は迷惑をかけるのもかけられるのも苦手になっているのである。

繰り返すが、地域共同体が濃密だからよい社会だと言いたいのではない。田舎で暮らしているので、濃密な地域共同体の悪い面もよく知っている。煩わしいことも多い。また、都市化する流れを逆行させることはできない。都市化することでコミュニティは公正さがアップする。地縁や血縁がなくてもフェアに暮らせるという社会的公正さが担保されなくては、都市は成り立たない。そして都市における指針は「人に迷惑をかけないかぎり、最大限の自由が保証される」というものである。他者に迷惑をかけないかぎり、順番通りに扱ってもらえる。

それに対して、濃密な地域共同体の中では、常に地縁や血縁の要素が日常生活に侵入してくる。そして、それを維持するためのコミュニケーション能力も必要となる。迷惑をかけたりかけられたりするということは、ある種のコストとして当然引き受けていかなくてはならない。それはなかなか煩わしいことなのである。

以上のようなことに思いいたり、お世話され上手などと言い出し始めた。

すでに述べたが、もともと私は人と関わったりするのが得意ではない。だから、「お世話され上手を目指す」というのは自分のテーマでもあるのだ。そして、現代人のテーマでもあるだろうと考えている。

もちろん、我々は他者に迷惑をかけずに暮らすことはできない。いつかは他者に身をゆだねなければならない日もまた、やがて老いや病いによって、わが身を他者にゆだねなければならない日もやってくる。すっかり消費者体質になっている我々は、貯蓄することでその日にそなえようとする。代価を支払って、サービスを購入しようというわけである。老いも病いも、消費者として乗り切ろうとしている。しかし、いくら貯蓄があっても、老病死を引き受ける身心を育てていなければ、苦悩は尽きない。そういう人をずいぶん見てきた。消費者的な行為ではいかんともしがたい事態がある。現代人は、どこかで自分の身を他者に任せる覚悟を育てていかねばならない。

数多くの高齢者施設を知るにつけ、いかにうまく他者に迷惑をかけるかということが自身の課題となってきた。何人かお世話され上手な人と出会ったからである。

お世話され上手な人も、お世話上手な人も、女性に多い印象がある。女性のほうがつながる能力が高いようだ。男性は自分の周りにバリアを張る人が多いように思う。私もそうなるタイプである。介護スタッフが扱いにくいタイプである。

とにかく男性でも女性でも、お世話され上手な人がひとりいると、家が明るくなる。スタッフもいい気持ちになる。お世話され上手な人は貴重である。

お世話され上手な人には共通点がある。

それは「こだわりのなさ」である。

これまで出会ったお世話され上手な人は、例外なく「こだわりのなさ」が身についていた。ある施設で暮らす高齢の女性もそんな人だった。家族が久しぶりにやってくると、「わあ、元気だった？」と、両手を広げてハグする。そして、家族が「そろそろ帰ります」と言えば、「じゃあまたね」とあっさりと別れる。介護スタッフに身体をまかせるのも上手。こうでなければ許さんといった雰囲気がない。特にリーダーシップを発揮するわけでもないのだが、彼女がいると場が明るい。そんな人だった。もう数年前に他界されたが、あんなふうになりたいと思わせる人柄であった。

現代社会を生きるためには、確固たる自我が必要である。しかし我々は、その確固たる自我のために苦しんでいる部分もある。このあたり、仏教の教えがとても有効なのである。

あらためて自分をふり返ると

私が生まれ育ったお寺は、とても人の出入りが多いところであった。

地域のお寺という性格が強かったためである。また、祖母や両親が誰でもウエルカムな人柄だったことも大きい。

とにかくいつも誰かやってくる。居間で雑談している。プライベートな時間や空間はほとんどない。家族以外の人と一緒に食事することが多く、何日も泊まる人までいる。子どもの頃はそれが苦手で、「早く帰ってくれないかな」などと思っていた。そんな中で育ったから、リバウンドで人づきあいが苦手になったのだろうか……。

学校から帰宅すると、居間では母に悩みや愚痴を語る人がいる。毎日のように、入れかわり立ちかわりやってくるのだ。しばしばその会話をかたわらで聞いたものだが、たいてい相談事は何も解決しないままだった。わーっと大泣きするほど感情を表出したかと思うと、そのうち話題が横滑りし始めたりする。そんなたくましい相談者が多かった。「ああ、そうか。生きる上での苦しみは簡単に解決しない。しかし、こうして語り合って、話が横滑りしていって、一段落したら帰って行くのだな。これは生きる知恵だな」とわかった。田舎のお寺はそんな場だったのである。

思春期の頃はそういう場が苦手であり、田舎の煩わしさみたいなものにも反発していた。でも、こういう場が大切であることは体験的に知っていたのである。それが現在の「むつみ庵」の気質にもつながっていると思う。また、むつみ庵の運営に関わることとなって、お世話され上手というテーマが自分の中で浮上してきた。

むつみ庵から学ぶ

長期化する老いを引き受けていくのは簡単ではない。まして認知症という不自由さを抱えての老いとなれば、衣食住のあらゆる場面において適応が困難になっていく。自分の感情をうまく表現できない。それでも最後まで「自分というもの」にしがみついて生き抜くのである。

そんな人たちの共同生活の家。

むつみ庵は施設であり、事業所であるが、やはり家である。

家の香りがする。

十数年かけて家になってきた。むつみ庵には、人間の尊厳があり、暮らしがあり、生と死がある。これまでこの家で息を引き取ってきた人たちの生命の流れがある。

少なくとも私は、認知症に対してのイメージが変わった。もし自分が認知症高齢者として生きていかねばならなくなっても、なんとかなるような実感がある。その日に向けて少しでもお世話され上手の道を歩もう。

認知症高齢者の共同生活は、人間学的に見ればとても興味深い。認知症の人が誰かと衝突したり折り合ったりしながら暮らすのである。そして、その家を支え、循環させていくスタッフの姿勢と技術。介護理論には、理想は在宅介護だとする意見もあるが、グループホームのほうがよい場合もある。それは適度な数の人たちによる共同生活だからである。類人猿研究者の山極寿一《やまぎわじゅいち》さんによれば、人間が人間として成立した大きな要因は、共食行為と共同保育とのことである。共同生活による日々の共食行為が、あの穏やかな終末期を生み出しているのかもしれない。

このように、むつみ庵の運営に関わることで、あらためて人間の喜びと苦しみについて学ぶことも多い。

また、認知症の人の暮らしから仏教を学ぶこともある。仏教の知恵を借りて運営を工夫することもある（第三、四章参照）。我々は油断をするとすぐに偏ってしまう。そしてその偏りは自分でなかなか自覚できない。

自分が偏っていることを知るためには、自分の姿を鏡に映さねばならない。私にとって鏡とは仏法である。仏法が説く通りに生きることはできそうにないが、少なくとも自分の姿を映し出してくれる。仏法に照らし合わせることで、自分がどれほど偏っているかを知ることができる。

家の運営も同じである。すぐに偏りが発生する。偏ると家のムードが悪化する。だからときには方針を変更し、ときには新しい制度を提案し、ときには逆方向へと引っ張るようなことを繰り返しながら進んでいくのだ。これからも揺れながら如来寺やむつみ庵や練心庵の運営に関わっていく。そしてこの手法は仏教が私に教えてくれたものなのである。

あとがき

親鸞の言葉に、「弥陀の五劫思惟《ごこうしゆい》の願をよくよく案ずれば、ひとえに親鸞一人がためなりけり」（『歎異抄』）というものがある。親鸞は普段からこの言葉をよく語っていたという。悪人を救う阿弥陀仏はなぜ存在するのか、それはこの私のためだ。この私ひとりを救うために、はるかいにしえからこの教えは続いてきたのだ、そんな告白である。ここに宗教領域ならではの救済の構造がある。

人は〝私のための物語〟に出遇ったとき、救われる。そうなるともはや他の物語では代用できない。だからこそ親鸞はただ一筋の道を歩み続けたのである。さまざまな意味の体系を「物語」というキーワードで考察するようになって、自分自身でも物語に身をあずけることがうまくなってきたように感じている。

同時に、自分でも積極的に物語を語るようになってきたと思う。

物語は語りの中にこそある。

文字化したり映像化したりすると、どこか欺瞞《ぎまん》が鼻につくのだけれども、語りだとリアルなのである。さまざまな縁の中で見聞きしてきた語りを三島邦弘さん相手におしゃべりした結果が本書である。文字化してしまっているので、どこかウソっぽいところがあるのは仕方ない。それが物語というものなのだ。

しかし、随所にこれからの日本社会を考察する手がかりがあるはずだ。消費者体質を見直すことも必要であり、フェア&シェアの共同体を模索することも必要である。カイロスを延ばすことも現代人のテーマであり、なによりお世話され上手を目指すことも我々のテーマなのだ。このことを語りたいために、内向的な私にしてはかなり無理して自己開示する結果となった。

また、日本仏教を擁護するために、少々強弁しているところもある。

ノーマライゼーション、デノミネーション、ローカライゼーションから日本仏教を見直すのは以前から語っていたのだが、文章にするのは初めてである。

日本仏教の具合の悪いところを知っているだけに、元気がない部分を知っているだけに、エールを送るつもりで述べている面もある。

しかし、私は日本仏教のよいところもよく知っている。

私の宗教性の原風景は、名もない田舎のおばあちゃんが合掌する姿であり、その風景に育てられてきた。なんとかそれを伝えたい思いで本書の後半を書いた。

「現代においては、人間の『物語る』能力は著しく衰退しているように見える」とは、哲学者・野家《のえ》啓一氏の言である。我々は意識的に物語に耳を傾け、物語を語っていかねばならない。本書は、私が自分なりに、あまり柄ではないが無理して「語ろう」として生まれた。


おつき合いくださったミシマ社の三島邦弘さんと新居未希さん、バラバラな語りを手際よくまとめてくださった青山ゆみこさんに、あらためて御礼申し上げたい。むつみ庵のホーム長・谷口静子さん、スタッフのみなさん、ありがとうございます。むつみ庵を立ち上げる際の最大の功労者である母・昂子さんにも感謝。

なにより坊守の悦代さん、いつもどうもありがとう。本文で「連れ合いが気楽でオープンマインドな人だったので、好きにさせてもらえた」と書いたが、まさにそれが実感である。

こういう謝辞を書いたのも初めてだ。やはりこれまでとは違う一冊になったなあ、と歎息して擱筆《かくひつ》するのである。

平成二十八年八月

釈徹宗

参考文献

伊藤洋志『ナリワイをつくる 人生を盗まれない働き方』東京書籍

小川豊『崩壊地名――自分で学べる防災の知恵』山海堂

金児曉嗣『日本人の宗教性――オカゲとタタリの社会心理学』新曜社

パウル・ティリッヒ『ティリッヒ著作集 第三巻』白水社

松尾匡『商人道ノススメ』藤原書店

見田宗介『現代社会の理論――情報化・消費化社会の現在と未来――』岩波新書

宮台真司『社会という荒野を生きる。』ＫＫベストセラーズ

森田裕一『富の山の人〝仕事の哲学〟――日本一続く「稼ぐしくみ」富山商人の生き方』経済界

装画・漫画

細川貂々（ほそかわ・てんてん）

1969年生まれ。イラストレーター、漫画家。

著書に『ツレがうつになりまして。』（幻冬舎文庫）、『それでも母が大好きです』（朝日新聞出版）など多数。

編集協力　青山ゆみこ

釈 徹宗 しゃく・てっしゅう

一九六一年生まれ。宗教学者・浄土真宗本願寺派如来寺住職、相愛大学人文学部教授、特定非営利活動法人リライフ代表。専攻は宗教思想・人間学。大阪府立大学大学院人間文化研究科比較文化専攻博士課程修了。その後、如来寺住職の傍ら、兵庫大学生涯福祉学部教授を経て、現職。著書に『法然親鸞一遍』（新潮新書）、『いきなりはじめる仏教生活』（新潮文庫）、『早わかり世界の六大宗教』（朝日文庫）、『死では終わらない物語について書こうと思う』（文藝春秋）、『現代霊性論』（内田樹との共著、講談社文庫）など多数。

お世話され上手

二〇一六年一一月一日　初版第一刷発行

著者　釈 徹宗
発行者　三島邦弘
発行所　（株）ミシマ社
郵便番号一五二-〇〇三五　東京都目黒区自由が丘二-六-一三
電話〇三-三七二四-五六一六　FAX〇三-三七二四-五六一八
e-mail: hatena@mishimasha.com　URL: http://www.mishimasha.com/
振替〇〇一六〇-一-三七二九七六

制作　（株）ミシマ社 京都オフィス
ブックデザイン　鈴木成一デザイン室
印刷・製本　（株）シナノ
組版　（有）エヴリ・シンク

ISBN: 978-4-903908-84-7

シリーズ
22世紀
を生きる

シリーズ 22世紀を生きる

21世紀が幕を開けて、もうすぐ15年。

そろそろ、22世紀の生き方を考えてみてもいいのではないか。

そう思って周りを見渡したとき、「おお」と思わず感嘆の声をあげました。

いるいる……。すでに、来世紀の生きようを先取りしているような方々が、周りに大勢いらっしゃいました。


本シリーズでは、そのような達人たちの声を、できるかぎり「肉声」に近い形でお届けすることにしました。「書く」とどうしても消えてしまいがちな「論理を超えた論理」が、「肉声」には含まれます。そこにこそ、達人たちに秘められた「来世紀を生きる鍵」が宿っている。そのようにも考えています。『論語』や『古事記』など、時を超えて読み継がれる書物の「原点」には、「語り」があると思います。そうした編集の原点に立ち返るとともに、現代の息遣いがしっかりと後世に残っていくこともめざします。

読む人ひとりひとりに、達人が直接語りかける——。その「息」をぜひご体感くださいませ。


「シリーズ 22世紀を生きる」

末永く、ご愛読いただければ幸いです。

ミシマ社 三島邦弘

シリーズ22世紀を生きる

「消費」をやめる
銭湯経済のすすめ
平川克美

「経済成長なき時代」のお金の生かし方

「消費第一世代」として、株主資本主義のど真ん中を生きてきた著者がたどりついたのは、半径3km圏内の暮らしだった……。

ISBN978-4-903908-53-3　1600円

街場の戦争論
内田 樹

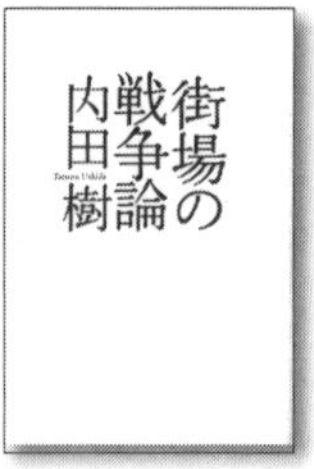

日本はなぜ、「戦争のできる国」になろうとしているのか？

「みんながいつも同じ枠組みで賛否を論じていること」を、別の視座から見ると、まったく別の景色が！　現代の窒息感を解放する快著。

ISBN978-4-903908-57-1　1600円

（価格税別）